HEART
心視野

HEART
心視野

那些旅行教我的事

陳蘊芳、郭憲誌 著

用一趟旅行重啟生活的初心，
我們終將在路上，和理想的自己相遇

目錄

第2章 生活，其實可以很簡單

目錄

第4章 旅行是生活，生活是旅行

目錄

好評推薦

「『出走，絕對是預防生活褪色最好的辦法。』能夠與此生的伴侶一起跳脫舒適圈，攜手完成彼此共同的夢想清單，是多麼幸福浪漫的一件事情啊！人生處處皆是美麗的風景，盼望每一位有緣閱讀此書的你，也能夠透過這趟旅程找回自己精彩的人生。」

——Vito 大叔，圖文作家、人氣 Podcast《粉紅地獄辛辣麵》、《大叔診聊室》主持人

「年紀，很多時候會阻礙旅行的學習。但疫情，又讓我們重新學習珍惜旅行。作者蘊芳（Jessica）是我認識很久的朋友，一直以來也是我學習的榜樣。我擅長在日本旅行，但一直以來都很喜愛歐洲的文化，正因自己走訪的國家有限，這本書帶給我的除了感動，還有激勵，讓我感謝年紀漸長，對旅行願意放慢腳步；感謝疫情

後，我更珍惜旅行中的各種學習；更感謝有這本書，讓我重新燃起對於人生新階段的夢想。」

——愛莉西亞 aLiCia，日本旅遊作家、「日本。私旅行」粉專版主

「郭憲誌（Andy）是協助台南市政府智慧城市方案合作的民間好友，他從職場退役後選擇旅行來反思『人生』。例如書中他行經西班牙朝聖之路，因身體疼痛與旅途的不順利，體會人生所有的安排都是最好的安排，寫下旅行的方式與尋覓自我的對話，每一篇遊記都非常精彩。Andy 的人生下半場，Restart，祝福所有讀者也能從本書中重拾過去因工作遺漏的人生初衷。」

——趙卿惠，台南市副市長

作者序❶

當生活褪色，我們決定出走

人生，就像是一場無法預料的旅程，不知沿途會遇到哪些人，不知路上會看到什麼風景，甚至不知能否順利抵達目的地。就像誰也沒有想到，我們會經歷世紀病毒新冠肺炎（COVID-19），這場浩劫衝擊世界每一個角落，沒有任何人能夠置身事外。各國封閉邊境，疫情困住了行動的自由，卻困不住想飛的心，臉書依舊時常跳出過去旅行的照片，美麗的景色、燦爛的笑容，撩撥著內心更加蠢蠢欲動，連飛機上不怎麼可口的餐點，都令人想念得彷彿是人間美味。

海外旅行停擺了三年，有些人選擇繼續等待，有些人已經迫不及待，停在原地或向前邁進都各有考量，沒有好壞，端看自己想要如何過生活。在別人眼裡，行至中年或許更應該選擇平穩，但我卻覺得，**中年，有如人生第二個青春期，不管是生理或心理都有場巨大的風暴正在進行**，只不過青少年是在轉大人，而中年人是在轉老人。

模糊的視線、健忘的記憶、衰退的體力，「老化」不需要邀請，就會自動上門。站在人生中間點，前半是過去，後半是未來，到底要就此認命？還是繼續拚命？外在的環境逐漸冷清，內在的劇場卻依然熱鬧，接下來要退位當觀眾？還是要繼續在台上當演員？問題翻翻騰騰，答案反反覆覆。不管做不做決定，時間都會推著我們向前，既然如此，**我寧可自己做選擇**，也不想留待未知替我做取捨。我想當一個有衝勁但不衝動的中年人；我想要親身體驗各地風情，親眼見識美麗風景，親自走過、留下足跡，才不枉人間一場。

出走，絕對是預防生活褪色最好的辦法。於是，我開始盤點人生下半場的待辦清單，心之所向，身之所往，到歐洲長住是一直以來的憧憬，剛好歐盟國家在二〇二二年開始陸續解封，是啟程最好的時機。但是，長途旅行需要的不只是勇氣，也需要準備，尤其是跳脫舒適圈的自助旅行，需要事先調適心態，才能坦然面對沿途的挑戰。

我將這趟旅行定義為「謹慎的冒險」。首先，過去的經驗告訴我，獨自出行雖然自由，卻不免對家人牽腸掛肚，很難長久。所幸因緣際會下，另一半憲誌（Andy）可以一同前往。再者，安排行程前要先決定旅行的模式，我想要的是去體驗生活，所以行程的安排宜鬆不宜緊，一路從義大利、梵蒂岡、法國、西班牙到葡萄牙，每個國家只選擇幾個順路的城鎮，每個地方待三到五天，六十多天的行程便可大致底定。最後，自由行最重要的安全與健康問題，該準備的防疫用品、常備藥物，塞滿半個行李箱也就安心。剩下的，就是抱持著樂觀隨緣的心態，相信冥冥中自有安排，處處皆是風景。良好的心理彈性，可以讓我們快速適應旅途中可能的不便。

如果說這次安排和過去旅行有什麼不同，除了時間長很多，最大的差別就是沒有規劃太多細節。我們打完第三劑疫苗，才開始找機票，距離預計出發的日期已經不到一個月，匆匆查找了一些重要的交通運輸資訊，訂好第一站羅馬（Roma）的住宿，並預先租了要在托斯卡尼（Toscana）自駕的車輛，其他事就到當地視情況再做調整。並不是因為我們藝高人膽大，而是旅行時間越長，越不可能徹底掌控，**如果步步周密，反而失去了生活的意義**。

勇敢地接受可能的變化，在一次次的應變中激發出更好的自己。從旅行中發現自己、相信自己、接受自己，是一項重要的功課。有人說，**勇氣是從已知到未知，從熟悉到陌生，從安逸到勞頓的一趟冒險之旅**，我想這正是自由行最需要具備的心態。

二〇二二年六月二十二日對我們而言，是值得紀念的日子，在國門尚未開放時，我們開啟了這趟六十多天的長途旅程。貼心的女兒開車載我們來到久違的桃園機場，空蕩蕩的大廳顯得落寞，冷清的一號航站只開了一個櫃檯，這是我們從未見過的景象，報到手續變得緩慢而冗長，排隊等候的旅客刻意拉開距離。

三年來的疫情，疏遠已經變成習慣，每個人戴著口罩遮住了大半張臉，完全看不出來是興奮還是擔心。若不是遠處幾個天真不知愁滋味的小小孩尖聲嘻鬧著，整個機場幾乎只剩下行李輸送帶運作的噪音，迴盪在偌大的空間中，發出「等、等、等……」的聲音。免稅商店四顧蕭條，與昔日人聲鼎沸的盛況天差地遠，寥寥可數的銷售人員個個面無表情、提不起勁。但是，我們的心情是雀躍的！心中那雙久未翱翔的羽翼，即將振翅高飛。

作者序❷ 踏上一趟尋回初心的旅程

Andy

雖然曾經好多次想像自己像個背包客去自助旅行，不需要在旅程中掛念公事、接聽電話、回覆訊息或電子郵件，這樣的夢想在過去的三十年中卻一直無法實現。即使也曾經利用累積多年的特休假給自己幾趟長旅行，但是責任感使然也罷、也可能是自己授權不足，總是沒辦法在旅行中完全放下工作與放空自己。

隨著職場資歷越來越深、責任範圍越來越大，以為自己很重要的錯覺與自我膨脹也變得越發無法控制，我似乎也離自己的初心和夢想越來越遠了。那一個「壯遊」的夢，就被埋在心裡最深的角落，成為一個不知何時可以實現的「念想」。

當然，我也從沒想過自己未滿六十歲，就會突然有大半年的空窗時間，沒有任何公事需要我操煩，雖然心裡也有很大的失落感和不安，但是經過一段時間的沉澱後，反倒覺得這是上天給我這三十年在職場上無愧付出的一份眷顧。因為人生就如同自然法則的運作，會有四季輪替，也有日月盈昃、辰宿列張的不變定律，**職場上的一切都只是人生中的一部分，而不應該是生命與生活的全部**。當我們為了職場上的競逐而全心全意投入的同時，其實也正在犧牲人生中某些重要的部分，例如：家庭生活、自己的身心健康、興趣和夢想。

當一個原本每天都忙碌到找不出空檔的人，突然間行事曆上一片空白，手機也從每天吱吱震動個不停，突然變成整個禮拜也難得震個一兩次，我不禁想問這是一種幸福，還是一種不幸呢？坦白說，剛開始我很難適應這樣的情況，而且會不由自主地滑開手機看看是否有訊息。然後過了一段時間，我漸漸明白我所在乎的其實只是一份「存在感」，這麼多年的忙碌生活為的不僅是一份收入，還有迷戀被別人「重視」的虛榮，直到自己突然不再被需要時，才赫然發現其實過簡單的生活並不困難。在你沒有顯赫的職稱時還會在乎你的，那才是真正值得你在乎的人。於是，找回能讓自己快樂的初心、做自己喜歡做的事，成為我暫別職場三個月後的一個頓悟。

那什麼是能讓自己快樂的初心呢？我反覆在心裡自問自答，也藉著這樣的反省才慢慢地理出頭緒，每個人感覺快樂的根源或許各有不同，但我相信最大的共通點應該是：「能夠做自己，不必偽裝或是委屈自己。」

我回想自己的人生歷程，因為生活的壓力，以及在乎別人的看法和目光，有大多數的時間都在為別人而活。從求學階段就因害怕考不上好學校，而強迫自己學習，從來不是因為自己的天賦和興趣而快樂學習。步入職場後更幾乎沒有選擇的權利，為了更優渥的薪酬、更令人稱羨的職稱、更有自主的「權力」……我就像一條逆流而上的魚，一頭扎進了混濁的水裡，拚了命向前游，以為前方就是可以悠遊自在的寬闊水域，所以拚盡全力游了三十年。殊不知這一條逆流沒有盡頭，越往上游越要拚盡全力才能保有自己！直到有一天跳躍往上時，一個方向沒抓準，跳出了逆流河道，才發現原來這個世界並非只有這一條河流，還有許多湖泊以及浩瀚的大海等待探索。

所以，何不趁著這個沒有預料到的意外，來實現原本埋藏在心裡的「念想」呢？當這個想法在我的腦海浮現後，我立刻向蘊芳（Jessica）提出安排一趟長時間自助旅行的構想，而初始的想法只是想拜訪一些未曾去過的歐洲城市，並以比較深入且慢活的方式去體會當地的生活，所以鎖定的是南歐這個悠閒浪漫的區域，但猶豫的是該從哪裡入境？要從哪裡返回台灣？中間的行程該怎麼規劃最順暢，且在交通上最便利與安全？

我和 Jessica 兩人分工蒐集網路資訊，大量閱讀網路上許多旅遊達人的網誌、遊記和各種交通與住宿的攻略，但在我們看完許多資訊後才發現：**幾乎沒有人一次走完這麼多個國家、這麼多的城鎮**，而且我們在其中幾個非常偏僻的城鎮必須跨國旅行，但因為都是小地方，只有巴士或租車自駕兩種選擇，不僅資訊稀少，即使查詢得到，也不敢確定那是目前最新的資訊（實際上路後，也發現許多資訊確實都已過時）。

因此，我們最終做了一個決定：為了避免被事先訂好的交通與住宿給限制住，反而造成必須趕路的壓力或是取消預訂的損失，我們只規劃了旅行的大略路線（國家、城市、地區及每個地方預計停留的時間），買了機票並訂妥第一週的交通和住宿，後續的一切都等抵達歐洲之後，前一週再來訂下一週的細部行程，保留最大的彈性，但也充滿了不確定與冒險的樂趣。因為我們完全沒有心理準備，下一週我們能夠找到什麼樣的地方落腳，雖然應該不至於會發生露宿街頭的慘劇，但確實有點邁向未知旅程的感覺。

我和 Jessica 在旅行前約定一個默契是，她負責拍攝靜態照片，而我負責動態影片的攝影與後製剪輯工作，但是又擔心在社群媒體上若只是張貼大量照片、影片，沒有文字說明，不僅日後我們會因為記憶模糊而逐漸淡忘了這一趟旅行，對於從臉書上看見我們旅行經歷的朋友而言，也很難真正理解我們在這一趟旅行的實際體驗與內涵。

因此，我便提議在這一趟旅行的期間，我們每天都各自寫下一篇日誌來記錄當天的所見、所聞、所感，做為難得一趟壯遊的紀錄。雖然我們兩人的個性迥異，寫作風格也截然不同，但正因如此，我們希望最終記錄下來的不僅僅是遊記，也是我們透過旅行所學習到的人生哲學，更是一段可以與旅行同好分享並當作參考的壯遊導覽。

出發之前，如果你問我此刻的心情是什麼，我由衷慶幸在這個精神與體力都尚能負荷的年紀，有機會和勇氣踏上這趟旅程。雖然我體會到了人生的無常，也感受到人情的冷暖，但是在旅行中，我將試著找回讓自己快樂的健康心態，也希望這趟旅行能成為一輩子難忘的珍貴回憶。跟著我們一起開始旅行吧！你也會有許多驚喜的！

第 1 章

心之所向，身之所往

▲ 漫遊在托斯卡尼豔陽下。

01 世上人有百百種，有緣千里來相遇

義大利，羅馬；梵蒂岡

Jessica

台灣到杜拜（Dubai）飛行時間不到十個小時，可是，我們卻彷彿進入一個與台灣完全不同的平行世界。相對於桃園機場蕭條的景象，杜拜機場卻像是座喧囂的不夜城，凌晨兩點人潮依然絡繹不絕，生意興隆的商店及餐廳徹夜不休，還有客人排隊準備進入精品店大肆採購，休息區的長椅躺滿了等待轉機的旅客，這般情景比起我們四年前過境杜拜機場時還要熱鬧，感覺已經完全恢復疫情前的忙碌狀態。

好不容易在航站角落找到兩張躺椅，可以稍稍閉目養神，等待漫長的轉機時間。因為難以入眠，長途飛行便成為我旅遊過程中最辛苦的一件事，年紀越大，睡眠債越難還，要熬著二十幾個小時不睡，實在不是一件輕鬆的事。所以，我常和朋友說，如果情況許可，趁著體力還可以的時候，先選擇長途旅行，因為歲月不饒人，**人生，並不是什麼事都能等。**

這趟歐洲之旅我們從義大利羅馬開始，飛機一落地就可以感受到義大利人隨興輕鬆的態度，我們準備了很多備審資料，可是海關人員看也沒看，就在護照上蓋了章。機場已經沒什麼人在戴口罩了，突然在公共場所可以用真面目示人，還可以清楚看到每個人的表情，反而讓我有點不適應。

我們準備先造訪位於羅馬西北方小山丘上的梵蒂岡。這個世界上最小的國家，是天主教會最高領袖教宗的駐地，其影響力無與倫比。每到假日幾乎人山人海，每個人來到這裡都要進入聖彼得大教堂（Basilica Sancti Petri）參觀，據說排隊一兩個小時也是常有的事。

為了避開排隊人潮，我們刻意選擇在平日早上，從特米尼車站（Termini）搭乘地鐵前往，特米尼車站就像台北車站，不管什麼時候都是人潮眾多。早就知道歐洲的地鐵站扒手猖獗，我緊緊地拉住自己的包包，並且一再提醒 Andy 收好手機，把背包放在胸前，因為時間還早，車廂內人潮雖多，但不算擁擠，多次拜訪歐洲的經驗，我學會面向坐位，高低差形成通透的空間，扒手不易下手。

我開啟全身的神經雷達，掃描著周遭的每一個人。回過頭看見 Andy 站在車廂中間，瞪著身旁的一位男士，隨即換了站立位置，Andy 一向不是無禮的人，我狐疑地看了這位男士一眼，他個子不高，中等身材，身穿乾淨的襯衫長褲，就像是個普通的上班族。可是一下車 Andy 馬上告訴我，這位長相一般的人，居然是個扒手，他們兩人一組，在車上緊挨著 Andy，試圖將手伸進他的背包，所幸我們早有防備。沒想到旅程才第一天，就先來場心驚膽跳的震撼教育。後來，回想這趟行程到訪許多高風險城市，我們能夠平安順利、全身而退，都要感謝這位扒手給我們的警惕，讓我們更加小心謹慎。

這次規劃到訪的都是歐洲天主教國家，初來乍到人生地不熟，先來梵蒂岡朝聖，也算是一種拜碼頭的概念。走進城門，一眼即見廣場上高聳的方尖碑，它矗立的位置就是羅馬的中心點，由此可以看出梵蒂岡崇高的地位。我們趁著人潮尚稀時，先行登上大教堂的穹頂，這是一條捱著圓頂向右傾斜的小徑，銜接著與肩同寬、不斷迴旋向上的陡峭樓梯，在不平的密閉空間裡，讓人難以保持平衡，尤其是在不知道轉了多少圈的狹小窄梯裡，幾度讓我覺得自己的暈眩症似乎就要發作。有時候，欣賞美景就是需要付出代價。

三六〇度的穹頂露台視野極為遼闊，最醒目的是自大教堂左右兩側延伸到廣場盡頭，兩座以花岡岩打造的半圓型柱廊，象徵著上帝展開雙臂環抱著人群，在晨曦薄霧下微光和煦，更顯得溫柔慈悲。俯瞰這塊土地，想

◀ 從梵蒂岡聖彼得大教堂俯瞰的視野。

像著兩千年來這裡擁有無比輝煌，這座古老城市承載著多少歷史的榮耀與哀愁，至今仍然留有餘溫。

聖彼得大教堂是目前世界最大的教堂，可容納超過六萬人，這座聖殿是天主教最重要的聖地，金碧輝煌自然不在話下。教堂博物館收藏著歐洲文藝復興時期許多偉大的藝術創作，每件作品彷彿穿越時空呢喃低語著，過去只在書本中才能看到的作品，現在能夠親眼見到，細細欣賞其質感肌理，真的百聞不如一見，強烈地震撼人心。其中，讓我最為感動的是，由米開朗基羅（Michelangelo）所雕刻的曠世巨作《聖殤》（*Pietà*），聖母雙手緊抱著耶穌基督遺體，表情雖然悲慟，卻又顯得溫柔寬容，一股強烈的感染力，引領我進入靈魂深處，深深反省人們的愚妄，並思考信仰的意義。我並不是教徒，但在這座雕像前仍不禁眼眶泛淚，心中充滿感恩和懺悔。

我相信，我也是得神眷顧的，因為，我們幸運地遇到教堂正在舉辦彌撒，由銅管風琴伴奏著聖歌，莊嚴的樂聲迴盪在空中，神職人員發送著聖餐，教徒平舉雙手虔誠跪地領受，頭戴紅帽、身著白袍的主教，在聖體傘祭台上帶領大家禱告，我也默默祈求這趟旅程能夠一路順利平安。或許是早上遇到扒手的事，讓我不禁想起，百年修得同船渡，我們飛越了幾千公里來相遇的人，又是什麼樣的緣分呢？希望一路都能遇到貴人。

梵蒂岡行程結束後已經是下午兩點，剛好是當地的用餐時間，我們在城門口找了一家評價不錯的餐館。服務生是個年輕男生，黑髮、五官深邃、皮膚黝黑，看得出來是長期站在店門口招呼客人曝晒的成果，他眼角透露出調皮，穿著短袖白色T恤，上面寫著我們看不懂的彩色文字，一看見我們走進門口，便熱情地問我們來自哪裡，並引領我們坐在遮陽帆布下的陰涼座位。

令我驚訝的是，點餐後他用標準的中文跟我們說「謝謝」，我笑著稱讚他，同時請他教我謝謝的義大利文怎麼說，他雙手像指揮家一樣，配合著聲音節奏輕輕擺動，重複地教我說「格拉吉西耶」（Grazie.），他再三糾正我的尾音，並給我一個鼓勵的掌聲。接著他主動提出要幫我們拍照，並身手矯捷跳上一張椅子取景，俏皮地說背景有「LOVE」的字樣，我現學現賣地說「格拉吉西耶」，他馬上回問我「不客氣」的中文該怎麼說。

這一場簡單的交流，比食物更美味。他就像是位隱藏在人間的天使，善良又可愛，親切地化解了我們一早的驚魂記。

02 在西方文明的起點體會謙卑

義大利，羅馬

Andy

抵達羅馬後，終於睡足了七個小時！做完出門的準備工作，心想打開面向羅馬中央車站大街的窗戶，應該能迎來羅馬的第一道晨曦，卻沒想到從窗外飄入了一陣陣異味，我轉身問 Jessica 是否也聞到了？幾秒後我們異口同聲地說：「嗯，尿騷味！」

並非羅馬特別髒亂，歐美的許多大城市因為寸土寸金，再加上難民潮、遊民、青少年吸毒等問題，一般商店的廁所不會輕易外借，公廁不僅都要收費，設置的數量也有限，以避免形成治安死角。因此，我造訪過的許多歐洲大城市都有相同的困擾，行人較少的街道邊、垃圾桶旁、地鐵的樓梯角落等，很容易在夜深人靜時，成為最佳的「方便」之處。

羅馬除了環境整潔的困擾，最大的問題仍舊是治安！特別是針對外國遊客的扒竊、拉客、詐騙販售、搶劫等。到達羅馬的第一天，我們為了避開人潮，特別在七點前就出門前往梵蒂岡，但是意外地被早餐店的排隊人龍、和店員完全無法用英文溝通而耽誤，以致於我們要上地鐵時遇到了通勤人潮，一時之間讓我們變得非常緊張。

Jessica 一直提醒我：「把你的背包放到胸前來，用左手托著別放開……」但是車一進站、車門一開，沒時間多想，後面的人就推擠著你向前走。只看到 Jessica 已經上車，我急著要跟上，卻被一個男人擋住。我愣了一下，另一個男人在我前面卻側身禮讓我上車，而原本擋住我的男人就在我的前面，形成了我被一前一後包夾的狀態。

地鐵開動的同時，我想擠到 Jessica 的位置去，卻仍被第一個男人隔開，同時間，第二個男人故意把手往上抬，使得我抓住車廂握把的右手必須放開，而我的左手則出於本能地鬆開背包，抓住握把以免摔倒。就這樣，第一個男人故意把胸前的背包抬高，他的手就從他背包下面伸向我的背包，我一感覺到背包在動，立即轉頭查看，就看到那個男人充滿失望的眼神和快速縮回的手。我立即用右側身體撞開第二個男人，換位置站到車門邊，同時目光犀利地瞪著那兩人。此時到了下一站，車門一開，兩人都只坐了一站就下車了！我有驚無險躲過了這次扒竊的攻擊。

來到羅馬短短三天，我已經深刻地感受到那句從小就聽過的名言：「羅馬不是一天造成的！」

坦白說，從機場通關到取行李、購買車票到搭快捷火車進羅馬市區，這座城市給我的感覺就彷彿仍活在傲人的古代歷史記憶中，因為擁有數千年的文明，周遭一切隨手一指都是數百年、甚至千年的古蹟，所以，這裡的新事物也似乎都要用古文明的意象包裝，這和生活非常方便的台灣有很大的不同。

特別是羅馬的大眾運輸雖有自動售票機，但是操作介面老舊、系統反應速度也很慢，信用卡付費成功後需要十幾秒，車票才會掉出來，以致於購票者會誤以為沒有扣款而重新操作，最終使得購票人龍總是排得長長一串。這裡的地鐵、馬路上的軌道電車，其車廂的歷史感和這座兩千年的城市相近，在這個炎熱的夏季中，我們搭到一列沒有空調的地鐵，想像一下那空氣中瀰漫的「味道」，實在是很特別的經驗。

初到羅馬前幾天，許多體驗使我覺得羅馬好像不夠進步？但當我們多停留了幾天後，就不得不讚嘆這個處處都是古蹟的偉大城市，它不像其他的古老城市因為時代變遷，就形成了現代化都市建設凌駕古城的情況，或是新舊城區各自發展的落差現象。**羅馬的每一個古老傳說幾乎都融入在羅馬人現在的生活中**，以我們所住的民宿為例，步行十到二十分鐘就可以佇足在千年古蹟面前，而且觀察民宿周遭環境，也就是這個城市一般民眾生活的常態，可以想見羅馬人對這些千年遺蹟、人來人往的遊客，早已是司空見慣了。

羅馬真的不是一天能夠造成的！當你站在宏偉的廟堂建築、廣場、雕塑面前，再仔細體會羅馬人的生活方式，**你會發現這座城市是一個仍活著的歷史古蹟，它正用自己的方式延續其歷史和文化**，而我們這些旅人只是過客，怎能妄議這個偉大城市該如何滿足我們的期望呢？

我初次來到羅馬，就因為險遭扒竊和自己的不習慣，而將當地的設施視為落後的表現，正如同我人生中常常會對許多事物有「自以為是」的看法，是犯了相同的錯誤。若非深入了解，絕不應該妄下斷言，因為我們在歷史長河前，是非常無知且渺小的。即使歷史悠久或是經驗豐富都不足為恃，再怎麼成功的企業也要不斷地創新與變革，才能夠基業長青。一個偉大的城市，除了擁有傲人的文化和歷史遺產，也要與時俱進並且適宜居住，就會長久保有不褪色的輝煌。在羅馬，我體會到謙卑不能只掛在嘴邊，而是必須發自內心及落實在行為中。

▲ 羅馬的輝煌與滄桑。

03 有時迷路是為看見花開

義大利，羅馬

Jessica

六月歐洲熱浪襲人，秒秒讓人想要鑽進冷氣房。坐在羅馬最有名的特雷維噴泉（Fontana di Trevi）池邊，聽著嘩啦啦水花四濺的聲音，似乎可以稍解暑熱。這座巴洛克風格的壯麗噴泉，在過去為當地提供綿延不絕的水源，現在則為羅馬提供滾滾不斷的財源，據說每年來自全球的旅人，在這裡許願投入的硬幣高達上百萬歐元，就像是個日日生財的聚寶盆一樣。

我們欣賞著立於中央的海神雕像，健碩虬髯、腳踩巨貝、睥睨眾生，一副雄霸四海的模樣；站在其左右兩側的是掌管豐饒和健康的女神，從古至今財富及平安一直是所有人的願望；池前立有兩匹狂野的駿馬，身插雙翼、四蹄具蹼，還有一條火龍尾巴，桀驁難馴得彷彿連神也難以駕馭，整座噴泉活靈活現地刻畫出一幕神話故事。也許是這樣的逼真情境，讓旅人相信在此許願可以達成夢想，所以，滿滿的一元錢幣，好像一張地毯一樣，鋪滿了清澈見底的水池。一枚銅板就是一個願望，我彷彿看見空中飄浮著無數個希望泡泡，有的大、有的小，有的幸運地像霓虹閃爍著，有的則「啵」一聲灰撲撲地破滅。

我鼓勵 Andy 也擲出一枚硬幣，藉由這個有趣的許願儀式，為旅程增添一則故事。其實，我覺得人在雙手合十，向上天祈求美夢成真時，最能真實地看到自己的渴望或恐懼，在硬幣拋出的瞬間，就是赤裸裸揭露內心深處的擔憂或匱乏，如若人生可以隨遇而安、隨緣自在，又何須許願？如同《心經》所寫：「心無罣礙，無罣礙故，無有恐怖，遠離顛倒夢想。」可惜，你我皆凡人，心境總是起起伏伏，願望更是千奇百怪，真要達到「得之我幸，不得我命」的境界，太難。

或許有人說，沒有期望，就沒有失望。可是，沒有希望的人生，會不會隨波逐流？沒有希望的生活，會不會失去色彩？有期望並沒有不對，這代表我們有在乎的人，有值得努力的事，我們對未來存有美好的想像，可是，我們錯在常常過度期待。**當我們一心一意執著於某個結果，要求人生照著劇本走，這樣反而會錯失驚喜**，有時迷路是為看見花開。

九年前我獨自來義大利旅行時，也曾經在此許下願望，希望有朝一日能夠攜手 Andy 再來一次。但是，時光匆匆流逝，我們一同走過歐洲其他許多國家，卻一直沒機會再返義大利。沒想到因為疫情，累積數年沒出國的能量，反而造就了這趟長途旅程，突然如願以償。世事雖然難以預料，但也不全然都是壞事。

我們順著心情，穿梭於七轉八彎的石板小徑，突然眼前有群人進進出出一間建築，仔細一看是間夾在一排房舍中的教堂。樸素的門面沒有任何浮誇雕飾，和羅馬其他雕梁畫棟的教堂非常不同，若不是恰巧看到門口有人聚集，我們一定毫不留意地走過。好奇心驅使我們一探究竟，不看不知道，一看不得了，這間教堂的天花板壁畫竟是錯視畫，在畫家卓越的擬真立體繪圖技法下，壁畫中的每位人物都像是凌空站立、漫天飛舞，就連穹頂都是透過明暗光影及線條變化，將平面偽裝成立體。神奇的幻覺藝術令人嘆為觀止，規模之大遠遠超過近年盛行的 3D 地景畫。

原來這座天主教堂是聖依納爵堂（Chiesa di Sant'Ignazio di Loyola a Campo Marzio），壁畫是由畫家安德里亞．波佐（Andrea Pozzo）於一六八五年繪製，教堂中央走道設有一面長鏡，讓人不用仰著脖子，就可以仔細觀察這幅巨型傑作。我們驚嘆不已，來到這裡真的是意外的收穫。

離開教堂，我們坐在路邊樹蔭下，欣賞古羅馬廣場（Foro Romano）的宏偉與蒼涼，一旁街頭藝人載歌載舞唱著熱情洋溢的經典老歌，法蘭克．辛納屈（Frank Sinatra）的〈我愛你寶貝〉（I Love You Baby），幾個年輕人跟著起鬨唱和著，絲毫不在意別人的眼光。

看著這片兩千餘年的斷壁殘垣，我們更加體會到曲終人散、繁華落盡，歲月傾覆從來不留餘地，**與其去期待一個無法預料的未來，不如活在當下來得實在**。珍惜眼前、想做就做，就像聖經《傳道書》寫的：「哭有時，笑有時，哀慟有時，跳舞有時，各按其時，成為美好。」可惜我們總是留戀著過去，忽略眼前美好，或是恐懼著未來，惶惶不可終日。如果早點明白，生活中從來不缺少美好，而是缺少發現美好的心！人生何嘗不是處處有驚喜，生活何嘗不是處處有轉機。

來到羅馬最著名的納沃納廣場（Piazza Navona），我們找了一家地點滿分的咖啡廳，露天座位正對著雕塑家貝尼尼（Gian Lorenzo Bernini）建造的四河噴泉（Fontana dei Quattro Fiumi）。四位河神表情各異，但都有完美的六塊肌和強壯的小腿肚，可以看到充滿張力的肌肉線條，同時，又可以看到柔軟的布料皺褶，及放鬆的腳趾頭，在鬆緊之間，大理石雕像呈現出一種活靈活現的真實感。噴泉中間立著一座高聳的方尖碑，上面刻畫著象形文，是羅馬帝國從埃及掠奪來的聖碑。

廣場上的藝人正在演奏古典吉他，他的技藝極好，古典樂曲的指法極

◀ 四河噴泉是巴洛克藝術的代表作。

為複雜，但他表現得自然流暢，噴泉潺潺流水聲，竟成為最和諧的襯樂。晚上九點，灰幕才從方尖碑底部慵懶地揭起，廣場的夜晚浪漫迷人，呼吸的節奏在此刻似乎慢了半拍。

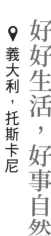

04 好好生活，好事自然來

義大利，托斯卡尼

Jessica

離開，是為了豐富生活。告別羅馬後，我們來到托斯卡尼，第一次聽到這個地名，是因為一部二〇〇三年的老電影《托斯卡尼豔陽下》（*Under the Tuscan Sun*）。劇情描述一位婚姻失敗的女作家，離開了故鄉舊金山，來到托斯卡尼，藉著精湛的廚藝，結交到一群異國好友，並重新找回希望，開啟了人生第二個春天。影片中湛藍的天空、明亮的光線、金黃的田野、翠綠的絲柏，燦爛得像是一幅幅耀眼的圖畫，深深烙印在我的腦海。

電影有段情節令我非常感動，就是在女主角最絕望的時候，好友向她說了一個故事：在奧地利與義大利之間有段非常險峻的山路，當地居民不顧反對，堅持在火車還沒有開通之前，便提前修築了一條鐵路，因為他們相信，火車總有一天會來的。這麼多年來，這個故事總是一再提醒我，**人生要先有希望，美夢才有機會成真**。生活，可以失望，但不能絕望，可以洩氣，但不能放棄。或許有一天，我們也會失去所愛、失去財富、失去地位、失去權力，但只要不失去盼望，幸福便可以繼續。後來，每當心情受潮發霉時，我總會再打開這部電影，晒晒托斯卡尼的太陽，讓心放晴。

托斯卡尼屬於義大利中部的大區，當中有許多大大小小的歷史古城，我們準備在這裡停留九天，體驗一下托斯卡尼豔陽下的真正生活，可是這個區域火車、公車班次不多，自駕是最方便的移動方式。租車公司派給我們一輛紅色的豐田自排車，開玩笑說是法拉利紅，Andy非常興奮，雖然只是一輛日系小車，卻圓了他想要在超跑國度，體驗開車快感的願望。

我們駕著這台偽法拉利，奔馳在一望無際的麥田高原，沿著奧爾恰山谷（Val D'orcia）前進。往蒙蒂奇諾（Monticchiello）的方向，隱藏著一個明信片景點，一條沿著山坡蜿蜒向上的絲柏之路，細長高聳的絲柏樹，像是一根根的毛筆排列在公路兩旁，是攝影愛好者必拍的照片，但我們並沒有特意鎖定拍照地點，因為路過的

◀ 托斯卡尼紅霞滿天。

風景已經讓人如痴如醉，我和 Andy 更想要深入探訪當地的風情文化。

我們來到遊客稀少的蒙蒂奇諾，一個走一圈不用二十分鐘的迷你山城，因為不是主流景點，反而原汁原味地保存歷史風貌，防禦塔樓、圓柱型穀倉、玫紅色的石牆，美到恍若時光都為它停留。我們在這喝著在地生產的白酒，清爽微酸，帶有熱帶水果的香氣，剛好搭配托斯卡尼地區的傳統菜色豬臉頰燉肉，經過香料長時間燉煮，肉質軟嫩、入口即化，令人回味無窮。

我們準備在皮恩扎（Pienza）生活幾天，這個位於山丘上的老城，在一九九六年被聯合國教科文組織

（UNESCO）宣布為世界遺產。民宿位於老城制高點，一眼望去無邊無際的麥田剛剛收成，一道道的收割路徑，如同一筆筆的大地繪畫。金色麥稈卷像巨型捲心餅似地隨意堆放，幾間石頭小屋錯落田間，享受著日復一日絕美的景色，令人欽羨此地的得天獨厚。我們以千年城牆為桌，享用自己動手準備的晚餐，一瓶奇揚地紅酒，在教堂鐘聲中，彷彿置身天堂。

托斯卡尼的日夜溫差將近二〇度，白天黑夜的景緻也完全不同！皮恩扎的夜，如同浸潤在紅酒裡的西洋梨，色香味俱全。晚上九點，太陽才剛下班，小酒館暈黃的燈光，接續著照亮古城的工作，天色灰青，遠山仍然清晰可見，人們總算擺脫白天的酷熱，或坐在廣場、或坐在偏巷，一邊享用晚餐，一邊啜飲美酒，三兩個好友沐浴山風清涼，五六種語言舉杯交歡，在這裡，夜晚迷茫氤氳，絕不黑暗！

清晨薄霧中，托斯卡尼田園有一種清新的朦朧美，遠山如水墨畫一般茫茫渺渺，晨鳥漫飛、雲霓拂天，鐘樓在陽光照射下，像是城堡中的火炬慢慢燃起，解凍著空氣中冰冷的寒氣，城牆還留著夜的氣息，觸手生涼。鄰居的兩隻小狗，偶爾不安地吠叫著，呼應著山下的雞啼聲，辛勤的城管人員，穿著橙色工作褲，戴著白色棒球帽，背著發電系統，手拿大型吹風筒，清掃小徑落葉，一天就此開始。我用摩卡壺煮著咖啡，溫暖的香味在冷冽的空氣中飄散，不疾不徐地許自己一段歲月靜好。

Andy 搜尋到附近的博爾塞納湖（Lago di Bolsena）旁有座濱湖山城博爾塞納（Bolsena），開車只要一個多小時，我們臨時起意說走就走。博爾塞納非常具有生活感，家家戶戶把門前布置成小花園，七月開滿了粉紅色的夾竹桃，常春藤也爬上了門簷，有人在窗台晾晒著床單衣服，鮮紅色的郵筒就釘在小巷裡的石牆上，居民穿著夾腳拖，坐在門廊上看著報紙，鮮活的生命力，在這個古老的山城裡延續著。我們沿著階梯直上最高點的城堡，居高臨下欣賞湖光山色，從山上看著一片紅瓦小屋，挨家挨戶都有著短短的煙囪，就像是大富翁遊戲裡的小房子一樣，擠在一起，甚是可愛。

我發現傳說中的「天空之城」——白露里治奧舊城（Civita di Bagnoregio）就在不遠之處，我們特地驅車前往。第一眼見到天空之城，我們異口同聲喊出：「哇！」特殊的地形令人讚嘆是大自然的奇蹟，在環型的深淵峽谷中，拔地而起一座高山，而山頂上居然建造出一座與世隔絕的迷你城堡，只靠一條數百米的狹長天橋做為連外道路，更顯得神祕、孤獨、難以親近，據說城堡在雲霧繚繞時，便彷彿是漂浮在空中的仙境。

起初 Andy 一直猶豫著是不是遠觀就好，畢竟要進入城堡，需要走下山谷，再爬上四十五度的綿長大斜坡，這對於鮮少運動的人真的是項挑戰，但是，當我們氣喘吁吁地走在天橋上時，兩旁盡是壯麗的懸崖峭壁，遺世獨立的景緻令人終身難忘！

尤其是當我們在山城中品嘗到美味無比的黑松露披薩時，更深深慶幸不虛此行。

我想起電影中有另外一段名言：「你必須勇於嘗試，永遠不要失去赤子之心，好事自然就會來。」其實，**人生，就像我們這趟沒有預設立場的旅行**，只要帶著希望上路，好好體驗、好好生活，我相信好事自然來！

◀ 與世隔絕的天空之城。

05

凡事不能只靠工具指引

義大利，托斯卡尼

Andy

年輕時，我便一直幻想有一天能在歐美國家，開著自己夢想已久的性能跑車馳騁在廣袤的大地、或是無速限的高速公路上，一邊欣賞窗外的美景，一邊享受台灣所沒有的駕駛樂趣，那該是多麼愜意、多麼有滿足感的事啊！

所以，規劃行程時聽到 Jessica 想要去義大利托斯卡尼和南法的普羅旺斯時，我第一個想到的交通方式就是租車自駕。也因此，我努力上網查詢每一間租車公司的資訊，希望能找到我想嘗試的性能車款，但花了幾天搜尋才赫然醒悟：六月中起，南歐已經進入旅遊旺季，而且現在歐洲各國均已採取邊境開放的政策，各個旅遊景點都是人滿為患。住宿、租車、餐飲全部都漲價，漲幅最大的就是租車，高級車甚至比淡季貴了近三四倍，我們討論掙扎了很久，我還是無法放棄自駕旅行的夢想，為了控制預算，只能縮短租車的天數，將大眾運輸不易到達的行程集中，再將租用的車型從「夢想之車」改成「經濟實用車」，終於完成多年心願！

當我第一眼看到租車公司指著一台鮮紅色的「小鴨」時（Toyota Yaris），我真是愣了一下，但隨即想到：這輩子到目前為止，還真沒開過這種鮮豔顏色的車子，就當它是義大利名車法拉利的「紅鬃烈馬」吧！於是，我們開始了人生中第一次海外自駕遊了。

在國外開車，最大的挑戰當然是行車路線的導航，偏偏我買的 Orange 歐洲數據漫遊服務，在義大利多數鄉村地區的網速都在 3G 到 4G 之間擺盪，因此常常過了應該轉彎的路口，手機才發出應該轉彎的提醒。加上車速都不慢，一旦錯過原規劃路線，谷歌（Google）又會重新規劃路線，時常會被導航搞得很亂。Jessica 做為我的領航角色，弄得她也很緊張，幾次都快發脾氣了。

剛開始我也覺得很不順，後來心念一轉，我告訴 Jessica 不用急，她不用一直盯著手機、或是擔心走錯方向，只要偶爾看一下我們是不是在規劃路線上行進，在快要轉彎時先提醒我減速和轉向即可，其他時間就放輕鬆欣賞風景，即使走錯路了，我們再迴轉就好了！在幾次修正路線後，她也慢慢熟悉導航系統的節奏，一切就順利了起來。隔天我們再次上路，長程駕車跨區造訪兩個山城，就能感受到自駕遊的方便和機動性了。

凡事不能只靠工具指引，只依照手冊操作，無法解決所有的問題，方向感、情緒管理、保持彈性的健康心態，才能夠真正建立你和合作夥伴的共識，互相指責或是一味希望別人接受自己的意見，反而會事倍功半。旅行的目的是豐富我們的視野、留下美好的回憶，記得隨時停下腳步欣賞風景，千萬不要因為小事情而浪費時間爭吵，**我們在旅程中發生的事和生活中會遇到的問題並無二致**，只是旅行中，我們反而更懂得反省和包容。

06 人生，是一場奇妙的際遇

義大利，托斯卡尼、西恩納

Jessica

幾天的自駕遊，讓我們享受了空前未有的自由，可以隨興自在地飽覽托斯卡尼南部絕美的田園風光，尤其在順利完成首次國外自駕旅行後，我和 Andy 甚至大膽地想要進階嘗試租用露營車。可是，當我們抱著輕鬆的心情，準備還車時，卻經歷了這趟旅程中，最不愉快的事件。

事先看過許多網路上的分享，都說在歐洲租車或還車的手續非常簡單，甚至是隨便的。或許是這樣，讓我完全沒有任何提防心。我們將車駛回租車公司時，驗車人員是一位冷淡的女士，她毫無表情地引領我們將車停在門口，她巡視了車子一圈，並沒有多說什麼，便請我們等待一下，表示她要將車開回後面停車場。我們當下不疑有他，沒想到過了不久，她手上拿了一台平板回來，指著一張我們剛剛返還車輛的照片，表示保險桿下緣有個銅板大小的擦傷，要求賠償一百四十歐元（約新台幣四千七百元）

的修繕費用。我們驚訝不已，抗議在當場檢查時，她並沒有提出任何意見，而在車子離開我們視線後才說有問題，非常不合理，而且，租車時也有保險可供理賠。可是，她卻完全不管我和 Andy 的異議，我們因為要趕赴巴士前往西恩納（Siena），最後也只好妥協。

事後回想，我們應該在驗車時錄影存證，事到如今也只能安慰自己，不經一事，不長一智。我回顧過去人生中有些事情也是這樣，雖然有美好的開始，卻不一定有美好的結束。可是，與其擔心結局不如預期，不如好好享受當下，至少擁有美好的過程。想想這幾天自駕旅行的精采，也就釋懷了，滿心期待後續西恩納的行程。

每年的七月二號是西恩納的賽馬節（Palio di Siena），各區勇士按照傳統穿著特色古裝，騎乘無鞍墊的馬，在田野廣場進行比賽，而觀眾則揮舞著各個參賽隊伍的代表旗幟，有象徵勇猛的鷹、豹、狼，也有走可愛風格的龜、羊、毛毛蟲，還有奇幻風格的龍、獨角獸，或是代表自然的森林、貝殼、海浪等，場面猶如嘉年華會一樣瘋狂沸騰。

我們抵達時，正逢賽馬節前夕的古裝遊行（Corteo Storico），大街小巷旗海飄揚、鑼鼓喧天。各區隊伍身穿大紅、亮黃、寶藍五彩繽紛的鮮豔服飾，頭戴花俏的軟呢小帽，腳踩著反摺的尖頭短靴，每位都像是從中古世紀跳出來的人物，有人負責掌旗、有人負責擊鼓、有人負責吹奏，隊伍後面跟著慕名而來的遊客，大家披戴隊旗、唱著隊歌，剎時萬頭攢動、人潮如浪，遊行隊伍長達百米，看不到盡頭。我們已經多年未見這樣熱情洋溢的人潮，不禁心跳加速、熱血澎湃。

我一向有人群恐懼症，體驗過賽馬節群眾的狂熱後，我們住到西恩納郊區的靜謐莊園，這是一棟可以俯瞰托斯卡尼風光的磚造平房，旁邊有一大片尚未收成的麥田，陽光下的麥穗銀光閃閃，田野中有小鹿奔跑跳躍。而民宿庭院種著三棵結實累累的李子樹，在欉熟的果實甜美多汁，幾棵跟人一般高的橄欖樹，細長灰綠色的葉片，豎起脖子向著天空生長，圍牆則是一排渾厚筆直的絲柏，墨綠色的羽葉，濃密到已經完全遮住了樹幹枝椏。

我們每天忙著搬動椅子

▲ 西恩納賽馬節前夕的古裝遊行。

到各處陰涼地靜靜坐著，一邊思忖著要把昨夜未喝完的紅酒拿來燉牛肉，一邊思忖著如何爬上樹，摘下樹梢上那些令人垂涎欲滴的黃肉李子來做果醬。就這樣慢慢等著暮色漸起，遠處天邊泛起霞紅，這是一天當中最舒服的時候，微涼的空氣中，飄散著太陽曝晒後的麥穗清香，漫步在碎石小路，想著遠方山坳燈火闌珊處，究竟是誰家。晚霞餘暉映照著，心也漸漸透亮。反思過往人生，看熱鬧的多，知冷暖的少。**生活，教會我們知進退，卻沒教會我們享受簡單**。總要到繁華落幕，才知道浮生若夢，總要在鉛華褪盡，才看清人間依舊，當絢爛歸於平淡，又有誰會陪著我們沿著歲月幽徑，看人間煙雲、嘗涼靜風恬？

清晨氣溫十四度，寒涼的空氣順著鼻腔進入，感覺像喝了一杯冰水，天空乾淨得就像直接攤開一張藍色布幕。我和 Andy 步行到二公里以外的商店購買食材，這是間販售當地有機農產的小店，有一些我們從未看過的特產，我們學著當地居民，買了季節限定的櫛瓜花、小農自製的莫札瑞拉起士，還有兩瓶私釀的葡萄酒，大包小包的，Andy 才驚覺不妙，沒有車，這麼重怎麼提回去？我連忙向老闆詢問可否代送或協助叫計程車？老闆是位非常瘦小，約莫五十多歲、有些靦腆的女性，臉上未施脂粉，身上圍著一條灰綠色粗麻圍裙，她不會講英語，而我聽不懂義語，我們只能比手畫腳溝通著。

靠著翻譯軟體的協助，她終於明白了我的意思，她表示在這偏遠的鄉下地方是沒有計程車的，而整間商店只有她一人也走不開。正在苦無方法解決時，她突然看到門外有一位穿著卡其布工作服的高壯男士，她快步衝出去攔住他，兩人快速地交談了幾句，男士隨即進來表示可以順道送我們回民宿，還開玩笑說車裡都是田土很髒，問我們介意嗎？下車時，我和 Andy 用唯一學會的義語「格拉吉西耶」連聲道謝。他示意我們拍掉身上沾到的塵土，爽朗地說了聲「Bye-bye」，車子便駛向遠方。這兩位善心人士，是托斯卡尼最難忘的一道風景。

旅行，就和人生一樣，是一場又一場奇妙的際遇，會看到綺麗旖旎的風光、會遇到形形色色的人群，有的地方令人流連忘返，有的人物令人欣喜感動，相反地，也有的回憶不怎麼美好。我知道，世間並不全然良善，所以遇到善良時，更要好好珍惜。有緣的，相謝；無緣的，相送！時間寶貴，我們只想要記住那些美麗的風景，和善良的人。

07

我們在義大利鄉間蝸居

義大利，托斯卡尼

Andy

　　當我們停留在托斯卡尼時，其實有許多時間都待在鄉下的莊園民宿裡。有一天早晨，趁著氣溫尚未驟升，我們以步行的方式走出莊園去超市補充食物，以步行的方式走在托斯卡尼連綿數百公里、縱橫交錯的丘陵公路上，坦白說非常奇妙也很奇怪，從迎面駛來的汽車裡，駕駛人看我們的眼神，可以感受到他們的狐疑，似乎在想：「這兩個傢伙發生什麼事了？」但是為了這幾天的蝸居生活不會斷糧，我們也只能勇敢地繼續前行。

　　走在托斯卡尼的公路上，如果沒有太多的車子，真的滿心曠神怡的，因為視野非常遼闊，而且色彩鮮明濃厚，亮眼的金黃色麥田，搭配點點深鬱的綠樹和漫天無盡清澈的藍，再加上沒有溼氣的涼風徐徐吹來，這步行的感受是舒服的。也因此，早上我們隨興地拿著手機就出門散步，卻忘了目的是去採購食物而忘記帶背袋，買了沉重的食物和酒水要再提著走回來，可就不再愜意舒爽了。

走到超市乍看了一下，整排的店家除了賣蔬菜和生鮮食品的有機商店，只剩咖啡甜點店，我們決定先去咖啡店補充一下咖啡因和熱量，再去採購食物。義大利的物價其實城鄉差距頗大，在羅馬，三歐元可能買一瓶水都不夠，但是在這裡點了兩杯卡布奇諾加上一塊蛋糕，卻只花了不到四歐元（約新台幣一百三十五元），還讓我以為自己看錯了呢。

我們整天蝸居在托斯卡尼的鄉間，我時而坐在民宿屋簷下的陰涼處，只是呆呆地看著天空，看著、看著、看著……時間長了，這幾乎無雲且透明藍色的天空似乎自己會做表情一般，有時候左邊的深藍色逐漸變淡，過一會兒右邊的淡藍色會透出些金色的光芒，看似平淡無奇的天空，只要肯花時間靜下心來觀察，竟也會發現好多有趣且從未見過的變化。

托斯卡尼早上五點左右天就亮了，晚上到了快十點天空都還沒全黑，若是要依古人所云的「日出而作、日落而息」，在這兒可能會做到過勞死。這裡七月的中午過後，高溫可達攝氏三十九至四十度，但是早上八點坐在沒有陽光的地方，卻仍需要套上長袖衣服，因為吹來的風是冰涼的。日夜溫差大，當然就形成了生存上的挑戰，這裡的植物也似乎有著特殊的生存之道，例如：這裡的植物似乎都特別耐乾旱，沒有見到任何澆灌的設施，但是樹總是深深的綠。另外，我們還發現草叢中有一種小小的花朵，只有在白天太陽出來後它才開花，開得草地上遍地皆是，但一到太陽西下它們就自動消失，一般動植物都耐不住炙熱的豔陽，這種小花卻因為特別抗旱，成為草原上一枝獨秀的主角。

其實自己很多時候不懂得靜下心來觀察和思考，凡事不是非誰不可，只要能花時間和耐心把事情看透，再簡單的表象也有背後的變化。而且無論再怎麼艱困的環境，都會有適者能夠生存，無論再難改變的習慣，因地制宜、因勢利導也會被改變的，**只有不再為自己找拒絕改變的藉口，才能夠真正地從心所欲。**

旅人要知道世界之大，即使我們窮盡一生也無法盡窺全貌，世間萬物無奇不有，世事無常又豈是我們能夠控制或主導？境由心生，**心若歡喜，則無論旅行至何處都會有美好風景。**

08 意外降臨，不會先按門鈴

義大利，佛羅倫斯

Jessica

告別托斯卡尼西恩納後，我們北上到文藝復興的誕生地「翡冷翠」（Firenze），我覺得這個詩意般的譯名，比俗稱的「佛羅倫斯」更為貼近這個城市的特色。如果說羅馬的悠久歷史，像是紅酒一樣，香氣濃郁而有豐富內涵；托斯卡尼的田園風光，則像白酒一般，清新宜人又明亮奔放；那麼翡冷翠的優雅浪漫，便如同高貴的香檳，細緻得令人芳心盪漾。

走在翡冷翠，就像是走在一座大型的露天博物館，每一次凝神，就是一則故事；每一步駐足，就是一項藝術；每一口呼吸，就是一段文化，達文西（Leonardo da Vinci）、米開朗基羅、但丁（Dante Alighieri）彷彿仍然生活在古老的巷弄轉角處，不經意地與你錯身而過。

最著名的聖母百花聖殿（Cattedrale di Santa Maria del Fiore），外牆由玫紅、灰

綠及米白色大理石，鋪砌組成繁複的幾何花紋，色彩斑斕絢麗，裝飾著生動的人像雕塑、細緻的玫瑰花窗、精美的螺旋梁柱，還有造型像皇冠般優雅的紅磚穹頂，及驚豔的喬托鐘樓（Campanile di Giotto），華麗幾近浮誇的設計，令人目不暇給。我一直覺得，宏偉的教堂能夠更加堅定信仰，但那些日常平凡的作為，以及面臨困境的反應，才能真正體現信仰的價值。此刻的我們也和其他人一樣，盡情地沉醉在翡冷翠的詩情畫意裡，絲毫不知道所有的想法都必須通過考驗，才能化為堅定的信念。

一如往常的一天，陽光普照、天氣炎熱，我們睡到自然醒，才臨時起意想去參觀世界上最有名的鐘樓——比薩斜塔（Torre di Pisa），比薩距離翡冷翠只需要一個多小時的車程，查了班次後，我們計畫搭乘下午三點的火車返回。可是有時候，人算不如天算，意外降臨時，不會先按電鈴！

火車抵達比薩中央車站（Pisa Centrale）時，旅客都準備下車，我沾沾自喜地跟 Andy 炫耀多坐一站到比薩聖羅索雷站（Pisa San Rossore），因為距離比薩斜塔更近，只需要步行五分鐘即可抵達，烈日當頭，可以節省二十分鐘的路程，怕熱的 Andy 不禁連連稱讚我是自助旅行的達人。一出車站，道路兩旁的夾竹桃正盛開著，有白色、粉紅、桃紅及豔紅色，五彩繽紛地歡迎著旅客，我們的心情也燦爛得像花一樣。

名列世界七大奇蹟的比薩斜塔，矗立在一片寬廣的草地上，白色的斜塔像是一隻魔法棒似的，牢牢捉住我們的視線，遊客們發揮創意，擺出各種千奇百怪的拍照姿勢，有的想要推倒鐘塔，有的想要扶住鐘塔，反而成為最有趣的風景。據記載，當初的建造者，曾經努力採取各種措施修正傾斜，他們絕對始料未及，鐘塔卻因為傾斜而世界聞名。站在斜塔前面，我突然有所感觸，人生也是這樣，與其懊悔那些無法重來的錯誤，不如將錯就錯，努力經營當下，或許也能成就另一番美麗的風景。

▲ 比薩斜塔是一座美麗的錯誤。

見證奇蹟後，我們心滿意足地搭上回程火車，才行駛兩站來到蓬泰代拉（Pontedera），突然間一陣躁動，探頭的、交頭接耳的、收拾行李的，大家匆匆下車，我們心存狐疑、丈二金剛搞不清楚狀況，看著其他節車廂的旅客也是如此，我們開始緊張、覺得大事不妙。眼見車廂中就快要沒人，我趕忙捉住一位旅客詢問，他回答說火車停駛，卻不知道什麼原因，我們也只能趕緊拎著包包跟著下車，一整列車的旅客，擠在一個無人值守的迷你車站，場面頓時混亂。

我們穿越人群，好不容易找到列車長詢問，沒想到他也一臉茫然。所有人在烈日下揮汗如雨，不安地等待，時間一分一秒過去，慢慢地，有人開始焦躁不安、有人議論紛紛、有的小朋友不耐暑熱哭鬧起來，而我和 Andy 則是擠在圍牆邊，努力上網搜尋，看看能否叫到計程車脫困。

過了一個多小時，我們正在無計可施時，終於有人探聽到了消息，有人臥軌！所以列車全部停駛，義大利國鐵正在調度巴士準備接駁。我跟 Andy 說，既來之則安之。旅途中的插曲，最終都會變成有趣的故事，我們只能耐心等待。終於，巴士來了！可是乘客太多，我和 Andy 被迫分開座位，即使如此，我還是開心地以為很快就能返回翡冷翠，可是，天再次不從人願，所有人被載到另一個只有雙月台的小站，司機告訴大家，要在這裡等待鐵道開通。天空是一片湛藍，旅客頭上卻是一片烏雲。

在這個時候，有兩位亞洲面孔來打招呼，一位是從荷蘭來的，正在讀博士班的年輕女性，一位是從倫敦來的，正在念碩士的男孩，雖然我們幾個都聽不懂義語，但無論如何，遇到會說中文的人，心裡還是覺得比較踏實。我幫忙他們看著大行李箱，年輕人跑去買水，Andy 忙著查看更新班次，大家同舟共濟。

站牌螢幕上一班列車也沒有，空氣中瀰漫著抱怨的情緒，小店的冷飲、冰棒全被搶購一空，汗水溼透了每個人的衣服，我們只能窩在矮樹叢邊避免晒昏。不知道又過了多久，廣播終於響起，周遭原本靜止的人群，開始移動到月台上，而聽不懂的外國旅客，表情看起來更加不安，此時，幸好有位年輕學生，善意地幫忙翻譯，車班已經陸續恢復正常。當列車進站時，霎時像電影上演的一樣，一群人蜂湧而上就像逃難，雖然沒有推擠，仍然充滿緊張的氣息。我們四個人緊緊跟在人群中，深怕搭不上車。

耗時四個多小時，下午六點四十七分我們終於結束這段奇幻旅程，輾轉回到翡冷翠。我們又累又餓，便就近在麥當勞用餐，雖然壞了安排，我卻不想壞了心情，我說服 Andy 再度搭上巴士，奔向米開朗基羅廣場欣賞夜景。

又遭逢一次意外，只不過這次是驚喜！我們經歷一天的折騰，反而剛好趕上夕陽下山，橘金色霞光映照著整個翡冷翠風情盪漾，遠山泛起一片迷幻的紫色暮氣，雲霧飄渺、樹色朦朧，阿諾河（Arno）就像一條環繞的金色腰帶，波光瀲灩，三四座石造拱橋橫跨其上，幾葉扁舟渺渺茫茫浮行水面，而聖母百花聖殿的穹頂，猶如是戴在這座古城上，一頂鑲滿紅色寶石的加冕皇冠。這是一場浪漫的豔遇，我們心搖意動，不能自持。

我不禁猜想，**人生所有猝不及防的遭遇，並非不受上天眷顧，或許祂只是轉過身，正在準備禮物**。只要相信上天安排自有美意，總有一天，會引領我們相逢美好！如夢似幻的晚霞，夕照閃耀熠熠金光，就在這短短一刻，給出了完美的答案。

▲ 翡冷翠夢幻優雅的藝術搖籃。

09 像人生一邊摸索，一邊前進

義大利，威尼斯

Jessica

水都，威尼斯（Venice）！許多人夢寐一遊的地方，多少情侶渴望乘坐著貢多拉（Gondola），在夕陽餘暉下悠遊在曲折的水道間，相擁而吻；多少旅人想像戴著華麗的面具，化身貴族在嘉年華會中踏著輕快舞步；又有多少人期待登上聖馬可鐘樓（Campanile di San Marco），俯瞰著由潟湖、運河及古老石橋交織成的水鄉澤國。

可是，在我眼裡，威尼斯是既優雅又俗麗的存在。

它的美，在燦爛陽光下，微波粼粼，風光豔麗，以及殘陽夕暮裡，碧波浮金，霞紅縷縷。或許是在踏上威尼斯的那一刻，已經讓人不知不覺意亂情迷，心懷浪漫。我們坐在纖長優美、油黑閃亮的鳳尾船上，穿越過一座又一座的石造拱橋，幻想著橋上有人已經等待了五百年，只求這行舟一眼的緣分。即使現在船夫已不再高歌，但你心裡有詩。

而它也俗，在妖嬈盛飾，大街或小巷鱗次櫛比的商店，從廣場到窄弄中比肩而坐的餐廳，極盡所能的商業經濟，賣弄風情媚惑逢迎著遊客。眼花撩亂的設計，包含了哥德式的尖塔、洋蔥式的穹頂、波斯風格的石雕、拜占庭的廊柱、還有伊斯蘭的紋飾，東西雙方絕招盡出，猶如錯綜複雜的故事，內容是胭脂風塵。

夜幕低垂、華燈初上，喧譁的人潮漸漸離去，終於拾得一夜清靜。主幹道上雖然仍然是萬家燈火，杯觥交錯、酒酣耳熱，但大部分的觀光船隻已經停駛，只剩清風徐徐拂過水面，緩緩卸去了白日的濃妝豔抹，這時候才能看出威尼斯的佳人本色！轉進空無一人的暗巷，平靜的水道是墨綠色，倒映著兩旁暈黃的燈光，含蓄地閃閃爍爍，清寂幽玄泛著神祕，彷彿帶著人們悠悠晃晃穿越時空回到過去。聽到馬車扣嘍扣嘍地迎面而來，漫步石橋仰望天際，一輪明月照古今，滄海桑田人不同，沉澱後的威尼斯，更令人心神盪漾。

這座漂浮在水上的都市，有一百一十八個小島、四百零一座橋及一百七十七條水道，就像是神祕女郎般，浪漫又充滿戲劇感，卻永遠有令人難解的一面，或許就是這樣獨特的情調，形塑出威尼斯無以倫比的魅力。

然而，對我們而言，威尼斯更像是一場尋覓之旅。蜿蜒的水道、曲折的小巷，像座迷宮般撲朔迷離，雖然風情迷濛，卻也令人方向迷茫。在這裡，不時可以看到拿著地圖四處張望的旅客，在這裡，連谷歌大神也功能癱瘓連連出錯。我們數度迷失在七彎八拐的小弄，天空雖然明亮，但陽光照射不到的巷弄裡卻陰暗不明，我們不知道在哪裡轉錯方向，錯過了部落客推薦的餐廳、錯過了華麗的面具商店，找不到預定的旅宿、找不到參觀的景點，不確定自己身在何處，前進是懷疑，後退是不安，在這古老的城市裡進退兩難。

在跨越過一座又一座的古橋後，**我們決定不再執著要去哪個特定的地方**，我想美景並不只在景點內，在前往景點的路上，一樣也有紅情綠意。這就像年輕時候的我，總是全力向前一路直奔目標，即使比別人早一步到達巔峰，還來不及享受成功的喜悅時，已經又奔向新的夢想，我告訴自己，人生就是要全力以赴，不達目標絕不放棄，不斷克服困難，不斷挑戰自己的極限。勝利，是理所當然的，不值得特別高興，我忽略了周遭的一切，忽略了自己的價值，等到驀然回首，扣除了工作、家庭，留給自己的幾乎所剩無幾，我從來沒有問過自己，**拚搏到底是為了自己，還是為了滿足別人的期待？幸福，真的會是人生勝利組的戰利品嗎？**

望著未來的歲月，我不禁要問自己，人生除了登上一個接一個的山峰，能不能探索其他方向，想像一個不一樣的未來？我一邊摸索、一邊前進，高高低低、跌跌撞撞，有時快步抄捷徑、有時迷途冤枉路，有時需要疾行奔跑、有時只能原地踏步，或許豔陽高照、或許陰雨綿綿。即使頭上不再頂著成功的光環，胸口不再別上體面的徽章，但是我相信，只要繼續前進，總有一處可以安身立命，如果可以在生命的谷底開花，那沿途無不美麗。

就像在威尼斯，我們用自己的節奏旅行，慢慢來、剛剛好。我們無所事事，坐在花神咖啡館（Caffe Florian），聽著鋼琴三重奏，時間，是滴滴答答的協奏曲。我們不疾不徐，站在里阿爾托橋（Ponte di Rialto），看著形形色色的船隻，船夫是

多才多藝的引路人。

不管是威尼斯的美、還是威尼斯的俗，都是形塑這座城市，不可或缺的一部分，就像成功或失敗、光明或黑暗、快樂或憂傷，人生並不存在完美，**當我坦然接受有些地方就是到不了，有些事情就是做不到，反而能夠好好活在當下**，好好欣賞所遇，好好善待自己，這趟長途旅程才剛要開始，只要持續前進，就很了不起，不需要執著非得走到哪裡。

威尼斯的夜令人心神盪漾。▶

10 為自己找到定位的花神咖啡館

義大利，威尼斯

Andy

威尼斯島就像一個大型遊樂場，與義大利本土僅以一橋相連，獨懸在亞得里亞海（Adriatic sea）的威尼斯潟湖上，這個完全商業化的小島，集合了古蹟、購物商店、餐廳、旅館及各種當地特色的服務（例如水上人力船貢多拉），而且威尼斯應該是全球旅客密度數一數二高的地區，尤其是受到地球暖化和潮汐變化的影響，整個島嶼可使用的土地及房舍不斷地流失和老化。要就近住在島上，深入體驗這個小島，就必須付出昂貴的房價，還得忍受無法令人滿意的服務品質。

當我們搭乘高鐵抵達威尼斯，其實第一印象還不錯，特別是從高鐵站一走出來就是一片寬闊水域，豔陽下各式各樣的船舶在水面上穿梭忙碌著。但我們誤信旅宿業者在訂房網上所提供的資訊，天真地以為依靠他們

◀ 威尼斯的消費和嘆息橋一樣令人驚嘆。

提供的資訊及谷歌地圖導航，就可以順利找到旅店，以致於我們兩人拉著沉重的行李箱，正中午時刻在威尼斯特有的「不平整大塊岩石路面」步行穿梭，跨越了數不清多少座的大小橋梁、繞行了幾個相似的小巷才終於找到旅店。

氣人的是，老闆給了大門密碼，卻漏給了房間鑰匙，進了房間又發現還沒打掃，更糟的是已經沒有其他空房，最後我們只好放下行李出門吃飯，直到晚上回來才算完全搞定。

明知道威尼斯的消費特別貴、遊客爆滿，旅遊品質肯定不會太好，為什麼還要來威尼斯受罪呢？我們的結論是：此地畢竟是世人認為一生必來的景點之一，因此，既然已在旅程的路線上，就順道而來以免日後抱憾。

來了之後，我個人的體驗也覺得是值得的，因為威尼斯確實有它獨特的地理景觀、文化風貌，和其他旅遊景點的差異價值，若用旅行是為了豐富視野的角度來考量，的確不應錯過這個城市。但若是期待用休閒及放鬆的心情來度假，或是想深度了解在地風情，威尼斯恐怕早已變成為了滿足遊客需求的《楚門的世界》（*Truman Show*）而已，我們必須接受它的過度商業化和其他許多的不符期待。

在威尼斯什麼都貴，每一餐的每一道食物均價都比其他城市貴了一成到三成不等，而且每家餐廳加收的服務費也自己亂訂，基本是加一成服務費，有些店家會再加桌枱費，有些特別的景點或是知名品牌餐廳，更會加收超過二〇％的服務費。

例如我們在聖馬可廣場上一家百年老店花神咖啡館坐了一下，第一次經過它的時候，Jessica就提醒這家店的咖啡一杯超過六百元台幣，叫我別隨便就坐下去休息。原本不知道時還沒有非來不可的想法，聽Jessica這麼說過後我就在想，如果不來試試，豈不永遠都只是一個旁觀者，而無法成為這具有百年歷史和高價傳奇故事的參與者？

於是我們還是決定來坐一坐，嘗試看看為什麼花神咖啡館可以屹立百年而歷久不衰。看了一下菜單，發現一瓶水要價十歐元（約新台幣三百四十元），咖啡一杯從二十到三十歐元不等，最後我們點了兩瓶花神咖啡館的自釀啤酒，坐在廣場上聽著它特別為顧客提供的四人樂團現場表演，看著來來往往的遊客站在花神咖啡館的門口和窗外，對著它內部牆上的百年名畫拍照打卡。我們坐在露天座位上，面向威尼斯聖馬可大教堂和鐘塔，成群的海鷗在空中盤旋翱翔，真的和坐在巷弄水道旁喝咖啡的感覺完全不一樣。

另一方面，他們的服務品質也確實有與眾不同之處，服務人員清一色穿著潔白的西裝外套、黑色長褲、黑領結、金色袖扣和肩章，給人既專業又整潔的感覺，而且他們十分配合顧客的要求，點餐、上餐的速度都快。更重要的是他們完全清楚客人的消費心理，所有的產品送到顧客面前都充滿儀式感，僅是點一瓶水也會用托盤擺飾，附上水杯、冰塊、萊姆片、紙巾和一小碟洋芋片，紙巾、碟子上都有花神咖啡館的店名和標誌，方便客戶拍照打卡上傳。如果點的是三明治或餐點，在餐盤上會有一個金屬製的透明網罩，乾淨且令人安心。最後，所有服務生幾乎都是拍照高手，多數客人都會請他們幫忙和廣場的美景合影留念。

綜合而言，在花神咖啡館花錢坐了幾個小時是有點痛，但是這個客戶體驗是愉快的，相較於距離花神咖啡館幾十公尺的另一家AURORA咖啡廳，很明顯地在模仿花神，如果已經來到威尼斯，又知道花神咖啡館的故事，你會怎麼選擇呢？

世間凡事都有定律，好事壞事也總是相生相隨，旅途上不可能事事順心，遇到問題就解決問題，不要因問題所產生的情緒破壞了旅行。畢竟，**問題不會永遠跟著你，除非你自己不想放下它**。人生應該像花神咖啡館一樣，懂得為自己找到定位，才能夠創造出獨特的魅力與價值。

11 學會為人生畫上頓號

義大利，多洛米蒂

Jessica

都說人生無常，要把握當下，因為誰也不確定生命何時會畫下句號。然而奇怪的是，我們對生活的規劃，就好像未來擁有無數的逗號，理所當然會繼續看到每一個日出。我們早已經習慣活在明天，忘了今天的可貴，更害怕停下來後不知何去何從。活在當下，道理很簡單，但做起來很困難，專注眼下片刻，比不停地寄望未來更需要練習。學會為人生畫上頓號的人，才會明白昨天、今天、明天一樣重要，每一個呼吸都無比珍貴、每一個日子都值得珍惜，不再任由生活鞭策著自己向前，不過度煩憂過去或未來。**停頓，才有機會看清世界；停頓，才能成為時間的主人；停頓，才能有意識地活著。**

這趟旅程就是我們人生的頓號。眼見歲月的黃昏已經來到眼前，黑夜尚未席捲而至，如果繼續像陀螺般忙碌，恐怕就要錯過生命中最絢麗的一道彩霞，我們需要停下來，重新思考、重新探索、重新定位，給自己一段緩衝的時間。我們想要認真地去感受、去體驗這個世界。尤其是，停留在多洛米蒂（Dolomiti）的這段時間，它的絕色美景彷彿在昭告世人，活著是件多麼美好的事，讓我們每一天都心懷感恩，用微笑去擁抱每個日子。

多洛米蒂又被稱為白雲石山脈，屬於阿爾卑斯山系的一部分，橫跨義大利東北部三個省分，是一個亞洲旅客較陌生的地區。白色的山岩成分特殊，會因光線照射而呈現不同的顏色，其豔麗的自然景觀及豐富的生態資源，於二〇〇九年被聯合國教科文組織列為世界自然遺產，也被譽為義大利最美的山區。我們從威尼斯機場搭乘快捷巴士，花了兩個多小時來到科爾蒂納丹佩佐（Cortina d'Ampezzo）。這裡被多洛米蒂山脈環繞，山巒疊起、綠草如茵，在一九五六年還曾經舉辦過冬季奧運。

清晨早起，多洛米蒂群山已經甦醒，在薄霧中仍然可以清楚看到，每座山的肌理紋路，在山坳夾縫處，還殘存一夜的霜雪，陽光下閃爍著燦爛的銀色光芒。遠處奇峰羅列，有的巍峨壯觀、有的孤峰突起、有的怪石嶙峋、有的危崖兀立，崇山峻嶺疊嶂，峰巒雄偉壯麗。天上朵朵白雲飄過，在群巒山峰、在林間樹梢，陰影隨風而動，隨時變換著景緻，我們除了讚

◀ 北義祕境多洛米蒂山脈。

嘆，別無其他，這樣的奇景，讓我不知道該如何形容，深怕任何的文字矯飾，都是褻瀆俗氣。

我們每天選擇不同的步道健行，路旁豔麗花朵正在盛開，沿途大樹陰涼地，多設有木凳長椅，質樸無華卻也乾淨，偶有幾處像中古世紀馬槽一樣的木造小棚，提供天然的泉水，甘甜沁涼。路上有人推著嬰兒車、有人牽著小朋友，有的白髮蒼蒼、有的年輕力壯，也有剛從市場回來，提著青菜水果的，當然也有單車騎士一身勁裝，不時與我們擦身而過，我們就像生活在這裡的人們一樣，累了，就坐在路邊欣賞風景，餓了，就到超市覓食。我們買了形狀像柿餅的水蜜桃，柔軟香甜皮薄多汁，買了現切的生火腿，油亮鮮嫩滿口鹹香，也買了台灣沒有的新鮮杏桃，深橙橙的顏色看似誘人，可是風味卻不如預期。

Andy雀躍無比地找到高爾夫球場，如願在阿爾卑斯山揮桿，我下場陪走，球道兩旁是高聳入雲的垂枝松柏，樹上結滿已經爆開的毬果，路旁開滿黃色小雛菊，對面山坡上點綴著一棟棟斜頂木屋，在藍天綠地、銀白色的群山

◀ 米蘇里娜湖是多洛米蒂山區中的一顆淚珠。

下，隨手拈來，就是一幅又一幅的明信片風景。

鐘聲響起，咚噹咚噹……持續了五分鐘，美景當前，時光飛逝竟然不知。晚間八點天空無雲，夜幕從山谷漸漸升起，夕陽將山頭灑上一片橘金，早上剛毅的白馬王子搖身一變，成為溫柔的貼心暖男，這一抹餘光，深深刻印在我們的心裡，永遠！

離科爾蒂納小鎮不遠處，有座米蘇里娜湖（Lago di Misurina），是多洛米蒂山區中的一顆淚珠，前往這座高山湖泊的巴士班次很

少，但絕對值得拜訪。比起歐洲其他動不動就看不到邊際的湖泊，米蘇里娜湖相形之下並不是很大，一兩個小時即可漫步一圈，但它美得非常有層次。放眼望去，遠方有三尖山領軍的多洛米蒂群峰環繞，山頭寸草不生、奇形怪狀，峭壁上延綿密布著重重參天冷杉，就像是鋪著一匹綠色長毛地毯，近處幾棟斜瓦白牆的飯店，裝飾性極強地矗立在湖畔，更加突顯了悠閒的湖光山色，岸邊則長滿了黃色小雛菊、白色蕾絲草、紫色薊花及藍色飛燕草等迷人的小野花。湖水清澈見底，岸邊有幾處可見的源泉仍在汩汩湧出，若不是湖面上成群的白面黑鴨、綠頭野鴨，攪亂了一湖碧水倒影，否則上下天光連成一片，分不清真實虛幻。

我們無意發現有條登山纜車，決定冒險一試，坐在單臂懸掛的吊椅上，搖搖晃晃地令我肌肉緊繃、腳底發涼，顫抖的不只是對於高度的恐懼，更加是對於美景的讚嘆！從山頂望去，群山巍峨壯麗，似乎觸手可及，清晰可見像年輪般層層堆疊的沉積岩，以及被冰河切割過的夾縫脈絡，石灰岩壁在陽光下，銀光閃閃，比天上雲朵更加潔白，而相連峰巒直到天邊，此情此景只屬世外天堂，令人不知是身在人間。

多洛米蒂是一個漂亮的「頓號」，當初規劃行程時，早已知道交通不方便，即使如此，我還是任性地想要完成，因為，**人生有太多遺憾都是等待所造成的**，我不想給自己找任何藉口，更不想給未來留下任何遺憾，想做就趁現在！即使有些不夠便利、即使有些不如預期，那些我們走過的路、我們遇過的人、我們看過的風景，都在生命中留下印記，滋養著我們的身心。

我不需要再說服自己，明天會更好，我不需要再寄託未來，好事會發生，因為，我明白只有讓今天變得更有價值，只有讓今天活得沒有遺憾，這些經歷才能成為明日的養分，這才是活在當下的意義。這是多洛米蒂送給我們最珍貴的禮物！

12 自己決定故事與人生

義大利，多洛米蒂

Andy

要來多洛米蒂的科爾蒂納丹佩佐小鎮，對於非義大利當地人而言，其實還滿挑戰的，因為從網路上搜尋得到的資料來看，曾經造訪過這個小鎮的亞洲人真的不多，或者說網路部落客鮮少有人來過，因此，中文版本的資訊真的很少。而義大利本地的觀光資訊也欠缺系統化的整合，所以屬於比較小眾市場的科爾蒂納小鎮，並沒有太多資料可以事先做功課。

為了要來科爾蒂納，火車、大巴士、租車……我們搜尋了好幾種交通工具，最後才找到一天有從威尼斯可以直達的巴士。只是這趟大巴士（Cortina Express）必須在威尼斯機場搭乘，我們在偌大的威尼斯機場周邊走了一大圈才找到乘車站牌，不得不佩服義大利人的神邏輯和亂報路的功力，但我們仍然感謝他們的協助，因為這是自助旅人必須有的修行。

來到科爾蒂納，一下車第一個反應就是：哇！好雄偉、好壯觀！連綿不絕的群山就矗立在眼前，這麼近距離地感受幾千公尺的高山，巨大且尖聳的石壁是這群山的頭盔，在陽光的照射下反射出金和銀交錯的灰白，看似遠山積雪未融，實則巨石面面如刃，使人震懾。對比山腳下的綠樹和草原，近處則是錯落有致的黑瓦白牆，處處可見阿爾卑斯山區特色風格的農舍，此地真的和童話故事中所描述的美麗家園一模一樣。

科爾蒂納這個小鎮在近百年前就是一個觀光旅遊勝地，和瑞士的策馬特（Zermatt）、法國的霞慕尼（Chamonix）齊名，在各個國家環繞著阿爾卑斯山群峰的十二個小鎮中，它和瑞士策馬特一樣是非常適合滑雪、登山健行的美麗小鎮。

二〇一二年，我們曾造訪策馬特，兩地相較之下，我們喜歡義大利的科爾蒂納多一點。策馬特的美是聚焦在有獨特三角尖型的「馬特洪峰」這個主角，瑞士知名的三角巧克力（Toblerone）就是以它做為品牌意象，但這座名峰時常會因為天氣因素，躲在高山雲霧之中，不肯輕易現身和大家見面。科爾蒂納的美卻是群山環繞，每一座山都像是貼近在你的眼前，從早到晚、從不同的地方、從不同的角度，你都會發現多洛米蒂山脈的奇峰巨岩，就像是一齣雄偉壯麗的高山動畫一樣，連續不斷用各種方式出現，令人目不暇給且容易親近。

北義大利多洛米蒂地區除了科爾蒂納這個小鎮，其實整個山區分布著許多小鎮，例如奧龍佐（Auronzo），也非常美麗且有自己的特色。只是其他小鎮的大眾運輸比較不方便，多數旅客都會採取自駕遊的方式，像我們這樣沒有自駕的背包客也很難去到這些地方。

整個多洛米蒂地區各個小鎮之間透過公路系統相連接，在它們中間隔著的可能就是一座座大山，也因此，這些公路的中間點會有一些特殊的自然景觀（如湖泊、草原、滑雪場），也規劃了難易程度不同的登山步道、越野自行車道等。光是科爾蒂納小鎮附近應該就有數十條路徑，若是喜歡健行、登山、騎車的人，

就是在這裡住上個十天半個月可能都未必能全部走完。

我們走了一段不算短的路來到民宿，沉重的行李箱使堅強的我們也感到辛苦，但是走到民宿的陽台後，我們就釋懷了，因為未來幾天可以坐在這陽台上，看著群山在日出和日落時的各種面貌和色彩，夫復何求？外出覓食後帶回一些零食、兩瓶酒，穿著大衣坐在陽台上，享受著七月溽暑季節難得的沁涼山風，其實我們啜飲的不是二〇二一年分的白蘇維濃葡萄酒，而是一生難忘的風景和回憶。**旅行中美好的事物總是會被鍥而不捨的人遇到，別因為這條路少有人走過就輕易地放棄**，不要因為遇到困難就抱怨。人生的美好與否是由你我的心境決定，而不是別人幫我們定義。

我們會費盡千辛萬苦搭車來到這裡，為的就是Jessica在網路上意外看見一張科爾蒂納的山景照片，深受那個美景的吸引而來，若問我們是否值得？我只能說人生永遠無法重來一次，想做什麼就勇敢去實現吧！因為，

不虛此行的科爾蒂納丹佩佐。▶

看著照片裡的美麗風光都是別人的故事，只有親自來到這裡才是自己的人生。

再美的妝扮都無法勝過麗質天生，而再好的姿色若失去了自然的本質，也會盡顯庸俗。人沒有辦法決定自己天賦如何，卻能夠決定如何努力去實現夢想，所以，人生本來就是應該由自己決定怎麼過！活得像你想成為的自己，才是最快樂的事！

13 只要有心，就可以找到路

義大利，米蘭；法國，霞慕尼

Jessica

旅人，就像負心漢一般，一邊山盟海誓許下不知何時能夠回來的承諾，一邊又急急忙忙地投入另外一個城市的懷抱。移動，是旅行的宿命。離開多洛米蒂，我們投入米蘭（Milano）的懷抱！如果說多洛米蒂是珍藏在心裡的一朵白玫瑰，那米蘭無疑是別在衣襟上的那朵紅玫瑰。但帶刺的紅玫瑰並不容易親近，我們早上八點半從多洛米蒂搭 Cortina Express 回到威尼斯，再轉乘 Italo 高鐵到米蘭，直到下午五點才抵達民宿。

嬌豔的紅玫瑰總是擁有許多種面貌，可以迎合每一個人。米蘭，是一個融合時尚設計及古典文化的美麗城市，有極盡奢華的紙醉金迷，也有極其細膩的宗教藝術。

尤其是義大利最大的教堂，米蘭主教座堂（Duomo di Milano）在夕陽照射下，華麗變身為一座金色的殿堂。上百座哥德式的尖塔，像蓄勢待發的銳箭，準備射向天際，栩栩如生的人物雕像，似乎即刻就要走下石柱，而廊簷下的滴水怪獸，就待黑暗來臨時，即將穿牆而出，凌空的飛扶壁、繁複的巴洛克風格，再再突顯米蘭主教座堂的建築工藝和藝術價值。回想多年以前，這裡是我拜訪的第一座歐洲教堂，從此，我對教堂便產生一種無可自拔的迷戀，這些年參觀過無數大大小小的教堂，再回到這裡，仍然讓我感動良久。

位於教堂旁邊的艾曼紐二世迴廊（Galleria Vittorio Emanuele II），則是另外一種景象，空氣中瀰漫著濃濃浮華的氣息，對於我們而言，這裡屬於另外一個只可遠觀不可褻玩的世界。一間接著一間的國際精品店，招搖著浮誇設計，絢麗奪目的櫥窗，展示著錦衣華服，旁邊還有多家著名餐廳，早早已經點上燭光，布置得美侖美奐。遊客坐在露天頂棚下，啜飲著瓊漿玉液，或許是這樣頂級的尊榮，才配得上迴廊精緻的鐵構玻璃穹頂，和富麗堂皇的馬賽克鑲嵌，多少人踩凹了公牛地貼，就想如傳說中一樣，再次重回這綺麗繁華。

這座會令口袋淪陷的城市，我們不敢停留太久，雖然雙手空空，心裡卻裝了滿滿的回憶，揮別義大利！我們準備前往法國霞慕尼小鎮，也是欣賞舉世聞名的白朗峰（Mont Blanc）最佳地點。

其實，霞慕尼並不在最初的計畫當中。過去每每看到手中萬寶龍鋼筆上的小白點，心裡總會產生一股應該親眼去看看的想法，但山區交通不便，即使從法國境內也要轉車多時才能抵達。在規劃這次行程時，無意間得知霞慕尼離米蘭並不遠，自義法國界的白山隧道（Tunnel du Mont-Blanc）開通後，兩地車行只要三個多小時，此時不去，更待何時？然而棘手的是，我們只能依靠大眾交通工具，查了許久網路上的資料，都是建議自駕。但是，我不想就這樣放棄，便繼續努力地搜尋了幾家歐洲跨國巴士，終於，找到從米蘭郊區的蘭波尼阿諾站（Lampugnano）巴士總站，可以搭乘FLIXBUS 到達。

可以如願以償了，心中雀躍無比，興奮的心情似乎感染了天氣，一望無際的藍天是最乾淨的背景，霞慕尼用天空中的一群滑翔翼隊伍迎接我們。色彩繽紛的飛行傘，就像是五彩色鳥翱翔天際，有大膽玩家趁著氣旋，表演高空連續翻滾，疾速墜落又快速拉起，幾度讓我以為真的就要失事墜落，不禁心頭一顫，替他們捏一大把冷汗。

為了一睹白朗峰的風采，我們必須經過翻山越嶺的挑戰，我們先從海拔一〇三〇米的霞慕尼小鎮，搭乘二段式廂式纜車登上海拔三八四二米的南針峰（Aiguille du Midi），這是目前世界上垂直距離最長的一條索道，不到二十分鐘，就可以讓人漫步在雲端。第一段纜車有點驚險，尤其在經過吊塔時，可以明顯感受到車廂的晃動，就像是坐海盜船一樣上下擺盪，讓人雙腿發軟、驚聲四起，所幸不久就到達海拔二三一七公尺的中繼站南針平台（Plan d’Aiguille）。

第二段纜車則直上頂峰車站，這段索道幾乎是貼著山壁直線上升，一邊可以看到腳底下壯麗高山，一邊南針峰似乎觸手可及，山脈肌理清晰可見。隨著高度爬升，明顯感受到胸口的壓力，保特瓶也發出嘰嘰的聲音，但是顧不得高山反應，一出車站，眼前一片銀白世界，如萬箭林立的群山，層層峰峰相連到天邊，廣闊的冰川猶如融化的霜淇淋一樣，好像活生生地流動著，蔓延在整個山頭。

但在頂峰車站還看不到白朗峰，遊客必須再搭乘一段百米高的電梯，才能從南針峰頂看到歐洲最高峰的白朗峰，我們運氣極好，天氣晴朗無雲，難得出現三六〇度環景壯闊視野。萬年冰川切割過白朗山脈，像一把尖銳的鋸齒橫躺在群山之巔，而對面標高四八〇八米的白朗峰，獨樹一格極易辨識，圓滾滾的山頭，終年覆蓋著皚皚白雪，就像是一球扎實的冰淇淋，與周遭利刃般的山峰形成強烈對比。

此情此景美得令人屏息，幸福感油然而生，可是，高山空氣冷冽稀薄，即使放慢腳步也喘不過氣，無奈只好返回南針平台，就著高山美景，啜飲一杯卡布奇諾，幸福在此，又達頂峰！雖然費盡心思才來到這裡，但是，白朗峰未來將不再只是拿在手上的一枝鋼筆，更是珍藏在心裡的一顆珍珠，閃閃動人。

令人讚嘆的不只如此，霞慕尼還有另一條絕美路線，從蒙特維冰河（Montenvers Mer de Glace）火車站，搭乘雙節的冰河列車，紅色復古的齒輪火車，載著旅客行駛在群山之間，深入極地冰川。時間充裕的人，可以轉乘一條短程下行的纜車，去欣賞萬年冰山的內部奇景，走入冰宮，如同走進一個晶瑩剔透的冰凍世界，天地四周都是厚實不見邊際的冰層，摸著咕溜凍手，清澈的冰層在微弱的燈光下，閃爍著冷冷的藍光，倏然間還以為身在深海，詭異又神祕，令人終身難忘。

我暗自慶幸當初堅持來霞慕尼，也深深感受到，人生就像一趟旅程，有人早上車，有人晚上車，有人直達車，有人要轉車，**但只要有心，一定可以找到自己的路線**。

▲ 南針峰銀白世界不似在人間。

第 2 章

生活，其實可以很簡單

▲ 杜羅河是波多的靈魂。

14 生活即修行，善待別人也不委屈自己

法國，普羅旺斯

Jessica

快要進入白髮遲暮之年，睡得著、吃得下、笑得出，是簡單卻又困難的修練。一向有失眠問題的我，在這趟旅程中，幾乎不需要借助安眠藥物即可入睡，或許是旅行讓心思回復單純，每天只要順利到達目的地，就心滿意足。離開霞慕尼後，我們一路往南，來到南法普羅旺斯（Provence）。

南法擁有燦爛的陽光、明媚的風景、繽紛的色彩，是騷人墨客創作的泉源，畫家梵谷（Vincent van Gogh）在此居住期間，留下了百餘幅知名作品。七月正是薰衣草的季節，到處迷漫著花香，這個時候就連空氣都是紫色的！詩人羅曼・羅蘭（Romain Rolland）曾經說過：「法國人之所以浪漫，是因為擁有普羅旺斯，而普羅旺斯之所以浪漫，無非是因為擁有薰衣草。」

◀ 盛夏的普羅旺斯就是張彩色的畫布。

我們來的時間正好趕上瓦倫索爾（Valensole）的年度薰衣草節，這是普羅旺斯最重要的一個活動。我們從盧馬杭（Lourmarin）開車前來，沿途是一望無際的田園景觀，道路兩旁及腰的葡萄園，已經開始結果，晶瑩的綠色小葡萄珠串，吊掛在樹藤間，在陽光照射下顯得鮮豔欲滴。這裡也是橄欖油的產地，一大片的橄欖樹林，銀綠色向上伸展的枝條，在風中搖曳生姿。

快到小鎮時，遠遠就可以看到，空曠平原上有妖魅的紫和濃豔的黃，是薰衣草田、向日葵田，與金色麥田層次交疊著，對比著湛藍的天空，強烈的視覺震撼迷惑著感官。若不是空氣中充滿著濃郁的紫魅氣息，簡直就以為自己身在一幅梵谷名畫中，大膽的色彩、熾烈的熱情，我無力招架，只想全心全意投入在此時此刻，怦然心動、心醉神迷！

而進入小城，又是另外一種人山人海的景象。漫天飄揚的彩帶，看不到盡頭的市集，販售的是喧騰熱鬧。有的攤販擺設著精油蒸餾器做為噱頭，有的大方發送試吃薰衣草蜂蜜紅糖糕，還有各式各樣琳琅滿目的薰衣草飾品，如果有興趣，也可以參加親手剝下一粒粒薰衣草的體驗活動。如果這樣還不夠過癮，可以在街邊暢飲一杯薰衣草啤酒，熱騰的人潮、古樸的小城，結合成一番濃到化不開的普羅旺斯風情，包你酣暢淋漓。

雖然台灣也有類似的活動，但我覺得不同的是參與的熱情。市集中，最吸引我的是一隊七人樂團，樂手身穿白衣白褲，頭戴著白色草帽，賣力地演奏歡樂的歌曲。吹著長號的演奏者，挺著微胖的肚子，輕快地舞動著肢體，負責帶動氣氛，他一邊吹奏，一邊走跳著示意遊客們加入，許多人一邊喝彩，一邊隨著音樂翩然起舞，還有小朋友騎在爸爸肩上，跟著搖擺拍手，在場的每個人，都在熱切地擁抱著生活。

有人說：生活即是修行，**我覺得凡夫俗子的修行，並不是要清心寡欲，而是要用心生活**。或許下一刻我們仍然必須武裝起來，繼續和生活搏鬥，但此刻，我們可以好好珍惜，努力創造快樂，讓人生更加美好而精采。我突然覺得，**生命的本質或許並不是艱難，人生要不留遺憾，就要善待自己，要懂得感恩，就會善待別人**。只要願意，我們可以活力十足地迎接挑戰。

生活中的修行，就是善待別人，也不委屈自己。但是活了半輩子，卻也學到善良並不是充當一個濫好人。有些原則，不管在哪裡，都需要堅持。

午後，趁著市集尚未結束，我們想避開人潮，先行前往進出村莊的接駁巴士站，沒想到有許多人和我們想法一樣，等候公車的隊伍已經綿延了幾百公尺，本來接送來來回回，應該也費不了多少時間，但是，小鎮人員大概平常悠閒慣了，做事非常沒有效率，又剛好遇到有人中暑需要救護，一時讓本該依序到站的巴士完全停擺。眼看著隊伍越排越長，頭上的陽光越來越晒，頂著將近四十度的高溫，大家開始心浮氣躁，連酷愛坐在露天座位晒太陽的法國人，也耐不住曝晒而撐起洋傘。周遭怨聲四起，開始有人跑去質問工作人員，老弱婦孺也紛紛找尋陰涼處躲避，我和 Andy 雖然也揮汗如雨，無奈也只能安慰自己，當作是旅行的插曲。

就在此時，有一對大約四十來歲的男女，女的穿著吊帶洋裝，拎著名牌皮包，口中還叼著一根菸，男的穿著短袖襯衫，粗壯的手臂露有刺青，他們慢慢走到我們身邊，大剌剌地假裝若無其事，直接插隊到我們前面！其實出門在外，尤其是自助旅行，難免會遇到特殊狀況，我總是覺得人善則事美，對於一些小問題，都不會太介意，但這對男女，大概看我們是隊伍中唯一的東方面孔，即使強行插隊，可能也只會忍氣吞聲。一開始我愣了一下，沒想到會遇到這種情況，但我立即收起笑臉，嚴肅地請他們到後面排隊！他們大概也沒料到會遇到這種反應，沒說一句話，便悻悻然地離開。

我想，**善良不代表懦弱，謙讓也不代表膽怯**，沒事不惹事，有事不怕事，一味忍氣吞聲的鴕鳥心態，只會被人隨意擺布。

來到塞南克修道院（Abbaye Notre Dame de Sénanque），據說修士在四周田園種滿薰衣草，是為了養蜂維生。為了避免分心，修道院樸實無華，沒有任何裝飾，在這裡與世隔絕，連電話都收不到訊號，沒有網路，我們只能靠著路標找路，一大片的薰衣草更襯托出修道院有如世外桃源般的靜謐，我不知道是否真要如此決絕，才能找到心靈的平靜。

望著有如明信片般的景色，我不禁想修行重在修心，能夠時時觀照自我、覺察內心，感受到自己的情緒，卻不會被情緒綁架，能夠冷靜自持，也能夠放膽生活，真心善待別人，也不委屈自己，這是一輩子都該修練的功課。

15

旅行越久，恐懼和反省同步上身

法國，普羅旺斯

Andy

旅行其實是一件非常奇妙的事，做為一個深愛旅行的旅人，久未出門就會覺得自己的靈魂受到禁錮、渾身不對勁，因為旅程中有許多新奇見聞、綺麗風光，能夠滿足我們的好奇心和求知欲。但是旅行的時間一旦長了、久了，真正的旅人會有思鄉情懷，想家、想人、想很多事情，而這也是旅人為什麼熱愛旅行的另一個重要的原因。

因為，只有旅行才能誘發因思鄉而產生的反省和深層思考，**當你走出一成不變的生活和舒適的環境，你最思念和期待再次擁有的是什麼事情呢？**旅行能讓我們暫時跳脫生活中的千篇一律，當你忘了檢視自己的時候，可以藉此和內心有個深度對話，透過旅行更加清楚自己想要什麼，應該改變什麼。

每走過一段路，旅人心裡就會增添一些故事，當我們生活在熟悉的地方，鮮少會有求助於別人的時候，即使有人給予我們幫助，我們也未必會特別感動或銘記在心。

但是當你在人生地不熟、語言不通的國度裡，旁人一個善意的回應，或是有人聽得懂你的話語，都會讓你感激莫名，就像孩子在獨立之前總是不懂得感謝父母，非得要等到在外面受委屈了，才明白有父母的幫助是多麼幸福。旅行其實就是在提醒自己，應該珍惜擁有過這麼多的幸福。

當我躺在法國普羅旺斯鄉間民宿泳池邊的躺椅上，迎面吹來的是帶點香草味的微風，我靜靜看著對面山頭孤單的小小城堡，想像著這山巒層疊的大地，過去千百年來有多少領主相互征伐，為了山頭下的土地和水源殺得你死我活，而千百年後城垛依舊孤立，但哪個人曾經風光又有誰還記得呢？

在義大利和法國幾個城市和鄉鎮漫遊了近三十天，我們儘可能以貼近當地生活的方式旅行，而這麼做的好處是可以真正體驗到許多原本沒有想到、沒有聽說過、在地特有的人事物。當然這樣的旅行方式也有很多負擔，會需要自己做很多功課，移動過程會比較辛苦波折，甚至有些時候必須忍耐一些不便或失誤，以及難以避免的危機。

當然，許多年輕背包客的旅行方式遠比我們更艱辛，露宿街頭、車站、機場也是時有所聞，真要比較的話，我們的旅行算是很舒適的了，但我們畢竟即將邁入花甲之年，能夠憑藉兩個人有限的體力和無限的想像力，再加上愛旅行的過人意志力，才會有這一趟沒有細節計畫的旅行。我自許這是送給自己六十歲之前的一場壯遊，因為我在步入職場和建立家庭之前，沒有機會遊歷世界增廣見聞，而過了三十年若仍然躊躇不前，未來也許不再會有這樣的勇氣和體力，那就真的只能跟著旅行團，或是規劃完善的定點旅遊了。

我不能隨便論斷，什麼樣的旅行才是最佳的旅行方式，因為每個人喜歡和能夠接受的挑戰不同，但是我深信旅行應該要淬鍊身心、打開視野，而這些都必須是由我自己去接觸、克服、反思才能獲得。所以，不論用哪種方式旅行，最重要的事情是始終保持一顆謙卑且放空的心，不要預設立場，不要擅自斷言或是批評，不要總是和自己的慣性相比較，不要受制於有限的知識，要多聽、多看、多思考，因為直接的體驗和收穫，將遠比從書本或網路搜尋的資訊，更能深入自己的心中。

另外一方面，越是有年紀了，就越難自己一個人旅行，因為身體和精神層面上都需要有人相互照應。然而，旅行容易但旅伴難尋，別以為夫妻、好朋友就是最好的同行者，尤其是自助旅行更是特別的挑戰，從旅程的規劃、到每天瑣事的分工與合作，會不斷出現需要磨合及體諒彼此的狀況。若是不能夠放下一些原先的自我，在旅行中重新學習包容，與同行者磨合出新的相處模式，你會發現旅行中反而特別容易有摩擦，因為除非中斷旅程，否則彼此沒有閃躲和暫時跳脫的緩衝，每天每刻都必須一起往前邁進。

旅行的時間越長，心裡深層的恐懼就會開始慢慢地跑出來，這個暫時脫離日常的烏托邦式生活終有結束的時候，**對於這一趟旅行想要找回的自我，究竟什麼時候才會出現呢？**真的很難事先知道！

時間看似靜止的時候，心思的轉變卻會異常地加速，一切看似理所當然的事情背後，必有耐人深思的道理，因此，別用表象看世界，而要用心去體會。

16 人生匆匆如旅，相遇極為不易

法國，聖維克托拉科斯特

Jessica

行至中年，還不想認老，但種種初老症狀總會冷不防地提醒自己，身體機能已大不如前。經過漫長的旅程，雖然意猶未盡，體力卻漸漸跟不上心力。我們需要找個地方休養生息，比起繁華的城市，我更喜愛純樸的鄉村，尤其是對生命有越深刻的理解，就越嚮往簡單的生活。我刻意避開嘈雜的亞維農（Avignon），前往三十公里外的聖維克托拉科斯特（Saint Victor la Coste）小村莊。

根據民宿主人提供的資訊，我們來到位於亞維農南邊城門口的巴士站，可是，過了發車時間，卻遲遲不見預定公車的蹤影，眼看著其他班車一輛一輛地過去，心中不由得開始猶豫不安，難道資訊有誤？這幾年因為遊客變少，車次減班或資料過時是常見的事，到場確認是最保險的方法。我環顧四周，見一位年輕清瘦、梳著馬尾的女生似乎也等候多時，便趨前詢問，她看了一下我們準備要搭乘的公車號次，熱心地從口袋中掏出一張最新的班表，詳細地為我們說明班車時間無誤，只是遲到而已，語畢還將班表送給我們。

其實生活中許多緊急的時刻，伸出援手的並不是朋友或熟人，而是素未謀面的陌生人，對他們而言，可能只是舉手之勞的小事，卻及時解決了我們的困擾，甚至一點點善心，便可以讓世界變得更加美好。不因善小而不為，或許我們無法成為太陽，幫助別人獲得溫暖，也不是月亮，幫助別人照亮黑暗，但是，我們可以像一小盞燭光，幫助別人點燃希望。

巴士終於來了，車子駛出亞維農後，便是一幅山野景象，村落和村落之間幾乎毫無人煙，少了都市的煙火氣息，卻多了一分自然清新，連樹葉都異常翠綠。剛下公車，迎面而來是一位白髮蒼蒼、身形發福，穿著藍T短褲、趿拉著涼鞋，慈眉善目的老爹，他用非常不標準的發音叫著我的名字，原來他是民宿主人。

多年自助旅行，住過的民宿不少，但主人會親自在站牌迎接的，這還是頭一回，更何況這裡公車經常誤時，他不知道要等多久。有趣的是，他一句英語也不會，卻用豐富的表情和肢體動作，帶領我們參觀農莊的一切設施，並一一展示操作方法，當他得知我們準備要騎腳踏車去採買食材時，甚至主動表示願意開車載我們去五公里外的大型量販店，說那裡的物品比小村子裡的商店樣式齊全。回程時，他還刻意繞行村莊一圈，特別介紹了幾間生活用品店，比手畫腳地嘗試告訴我們是麵包、理髮、菸酒和藥品店。這樣無微不至的待客之道，令我們感動不已！我們用僅會的一句法語「Merci」，道謝再道謝。

一早收到家人來訊，提醒我們要注意熱浪侵襲。出門在外更加覺得，有人掛念，是一件很幸福的事。看了新聞，才知道法國許多城市的氣溫都創下歷史新高。所幸，老爹的農莊民宿位於山丘上，清風徐徐是絕佳的避暑聖地。

磚造泥牆的矮房小屋，被大片的葡萄園和參天的橡樹林包圍，生平第一次注意到橡樹，大約有四、五層樓高，冠幅六、七米，一人抱寬的樹幹，有著深刻緊緻的縱向裂紋，剛要長大的橡實，像一把米棕色的小鈴鐺一樣的可愛，樹梢上，有個巴掌大的鳥巢，幾隻麻雀般大小的紅腹小鳥探頭探腦。這裡的植物長得極好，洋梨、橄欖、番茄都結實累累，迷迭香、薰衣草也積極地散發著芬芳。

民宿正對著綠色山谷，老鷹在空中展翅滑翔，對面山頭有座規模頗大的古堡殘蹟，千年睥睨著世間萬物更替，一副唯我獨存的姿態。我很喜歡這個地方，有小隱於野、與世無爭的感覺。早上，太陽東升，我們在房前大樹蔭下用餐，下午，太陽西斜，我們逃到院中泳池裡泡涼，山風陣陣、蟬聲吱吱，躺在池邊小憩，慢慢等待著夕陽餘暉將山谷染紅。慢慢地，讓身心回到最自然的狀態。或許每個人心裡都應該有這樣一方天地，無論外面世界如何酷熱難耐，回到這裡，都可以為自己找到一絲清涼！

離開的前一天，老爹特別來了一趟，他略為靦腆地用谷歌翻譯跟我們說，他要出遠門，看有什麼需要，可以趕快幫我們辦。我真的非常訝異！自從有了密碼鎖之後，大部分的民宿主人，從頭到尾沒出現的不在少數，出現的大多也都只是來交付鑰匙，就江湖一別、再不相見。這麼周到的主人，真的前所未見。若不是出門在外，不會有機會遇到這麼多熱心的人，讓我們原本已經冷漠的心，又重新溫暖起來。

雖然語言不通，但他真誠的心，

▲ 聖維克托拉科斯特的鄉間民宿。

跨越了溝通障礙。**其實，有時候聽得懂，不一定聽得進，即使聽得進，也不會照著做。**人與人之間的誤會與埋怨，大都並非因為溝通不良。與人相處，最寒心的事，莫過於幫人百次卻沒被感恩，一次沒幫就被懷恨。可見，語言不是人與人之間最大的隔閡，人際關係最怕缺乏同理及感恩。這世上沒有誰非得對誰好，不要把別人的善意，視為理所當然，要記住那些對我們好的人。這世界並不完美，但只要有一分善意，便多一分美好。人生匆匆如旅，相遇極為不易，讓我們用善意溫柔以待。

捨不得這個地方，不只是因為這裡的風景，最令人難忘的是，老爹誠摯的待客之道。

17 我們都在人生舞台表演

法國，亞維農

Jessica

亞維農是普羅旺斯大區中人口最多的城市，也是南法最重要的交通樞紐，從這裡搭乘火車或巴士，即可以輕易地到達法國各大都市。然而，在十四世紀時，亞維農並不是法國的領土，而是屬於羅馬教廷，曾經有七位教皇在這裡生活，位於舊城區裡的教皇宮（Palais des Papes），不但是座宮殿，也是軍事要塞，至今仍是亞維農最壯觀的歷史建築。

當地最吸引人的是每年七月分舉辦的亞維農藝術節（Festival d'Avignon），活動創辦於一九四七年，至今已經持續了六十多年，名列法國三大節慶之一，也是目前國際規模最大的戲劇節，活動為期一個月，在這期間，亞維農舊城就是一座大型的表演劇場，有數十萬來自世界各地的表演團體及遊客在此聚集。特別的是，亞維農藝術節有內、外之分。「ＩＮ」（內部）的規模較大，是由法國官方出資贊助，邀請世界各地已富盛名的戲劇團隊來演出。「ＯＦＦ」（外部）則由民間藝文界舉辦，各個國家的新興藝術團隊或表演工作者，可以自費申請參加，藉此機會行銷自己，據說有許多劇場經紀人在這裡發掘到明日之星，而台灣文化部每年也有徵選表演團隊一起站上這個舉世聞名的國際舞台。

剛好我們準備從亞維農搭乘跨國高速列車，前往下一站西班牙巴塞隆納（Barcelona），就順道來湊湊熱鬧。從中央車站（Gare d'Avignon-Centre）對面城門進入，即是舊城區的主要幹道，一進城門便可感受到喧鬧的活動氣息，大街小巷到處貼滿了充滿設計感的海報，在搆得到的位置，幾乎已經看不到牆面，琳琅滿目的視覺創意，本身就是一場饒富趣味的平面藝術，也是一場眼花撩亂的海報大戰。驚人的是，據統計每天有超過上千場的演出，為了搶占遊客的視線，表演者們無不使出渾身解數，身著奇裝異服在街道上發送傳單，而對於那些沒有時間進入劇場的人也不用擔心，街頭藝人就在路邊賣力演出，有靜態的繪畫、沙雕、手工藝，也有動態的載歌載舞、功夫雜技、魔術表演，無論是誰，一定可以找到吸引你的節目。

這就像是一座露天的殘酷舞台。有的是一個團隊，有的是隻身一人，大大小小的實況演出，百花齊放、百家爭鳴，劇烈的競爭下，有的門庭若市、有的門可羅雀。我對這些表演工作者感到好奇，他們懷抱夢想來到這麼遙遠的地方，結果並不一定盡如人意，但無論有沒有觀眾，每一位藝人總是忘我地投入在自己的演出中，或許這就是所謂的自娛娛人吧！在獲得掌聲前，自己要懂得先肯定自己。我在他們身上看到，人生最值得驕傲的，不是成功的瞬間，而是堅持夢想的過程。**人生的價值，並非別人如何看待你，而是自己如何看待自己**。

其實，每一個人不也是在演繹著自己的人生嗎？我們以春夏秋冬為舞台，以悲歡離合為情節，演一場喜怒哀樂，配樂是酸甜苦辣，開頭大都是喜劇，無奈結局變鬧劇。在這個舞台上，我們有時是主角，有時是配角，有時光芒四射，有時沒沒無聞，有時陽光普照，有時風吹雨打，笑也好，哭也罷，主動也好，被動也罷，這是一場無法拒絕的表演，誰都無法替代我們上場，除非離世謝幕，不然，我們從來不曾退下舞台，只是時空環境變化，換了一群觀眾而已。

既然我們必須為自己的角色負責，為什麼還要那麼在意別人的眼光？為什麼只用最後的成敗來論斷自己的價值？努力和成功，從來就不是對等的關係。一生最重要的，是認真演好自己，活成自己喜歡的樣子，感受到自己存在的價值。我們應該好好欣賞自己，應該珍惜每一個過程，當舞台的布幕拉起了、鑼聲響起了，就盡力精采，當有一天，曲終人散、燈熄了，我們也盡心仰俯無愧了，不管是否得到觀眾的喝采，都不枉這一場表演！

幸運的話，我的劇本才寫到一半。有個冷笑話說，人生的上半場，比的是「學歷、地位、權勢」，看誰爬得高；人生的下半場，比的是「血壓、血糖、血脂」，看誰降得低。雖然不想承認，自己的角色已經從小旦逐漸轉變為老旦。

我們說，大齡從容，卻又急急忙忙想要捉住青春的衣角，我們說，成熟淡定，卻又慌慌張張想要甩開圓滾的肚腩。藏不住的皺紋、出來見客的白髮、沒鎖緊的膝蓋，當戴在頭上的太陽眼鏡，變成老花眼鏡時，歲月在心中已然有

▲ 亞維農藝術節精彩的表演。

數，即使不想認老，也要認老！

但是，看到亞維農的這些表演工作者，有些已過花甲之年，卻仍然不放棄夢想，在人生舞台邁力演出著。讓我想要提醒自己，生活不該受到年齡和身體的桎梏。過去，我曾在捷克克魯姆洛夫（Český Krumlov），看到一整團旅客全部都是拄著拐杖或坐著輪椅的在參觀城堡，而前些日子在義大利西恩納，又遇到一位骨瘦如柴的老人，身體看起來就像是掛在拐杖上一樣，卻能爬上將近四十度的陡坡，領著小孫子去參加賽馬節活動，這些人士克服身體殘缺，肯定自己、珍惜自己，勇敢為人生寫下燦爛的篇章，他們是生命鬥士，而不是殘障人士。

離開亞維農，火車高速駛向巴塞隆納，我們也在人生的時間軸上奔向下一站。雖然，年齡由歲月決定，但是，活力由心態決定！**既然戲還沒完，舞還要跳，那就要盡情享受變老的樂趣。我默默告訴自己，認老而不服老！**只要人老心不老，接下來的演出，也可以豐富多彩。

18

不只是一場走馬看花的旅遊

法國，亞維農

Andy

在歐洲旅行除了跨城市、跨區域的移動，我們的行程安排儘可能都是隨興，閒逸地去觀察和體會當地的生活，就以在亞維農的幾天來說，我們並沒有住在多數觀光客會選擇的老城區，而是離城區須坐電車四站的Airbnb，一間在地社區的分租套房。

走在這個社區，可以真正感受到法國在難民接收與移民政策上的困境和難題，社區內明顯有多元的種族、宗教和生活型態的差異，因此，不僅不同膚色的住民已不足為奇，許多包裹著頭巾的婦女、穿著罩袍的男士也是這個社區的主要特色。社區裡許多樓房的一樓看似都沒有人居住，二樓以上的樓層則看起來都有住戶，可是幾乎沒有人敞開門戶，家戶門窗都是緊閉居多，雖然不至於讓我覺得不安，但是社區的氛圍似乎就是少了一點人氣，多了一點蕭條的感覺。

亞維農雖說是南法的兩大中心古城之一，實際上都市的規模並不是非常大，兩條輕軌電車、三十幾條公車路線，就涵蓋了全市的城區和郊區，電車的起點到終點也只有短短的十幾站，可以說是一個交通轉運匯集的交流城市，而不是大型的商業或工業發達的都市。亞維農居民的生活步調看起來是緩慢而悠閒的，他們為了促進城市的發展，在六十幾年前創立了「亞維農藝術節」的活動，每年七月，這個城市就會陷入充滿藝術氣息的活躍狀態，所有人也會在一個夏天卯起來搶食這一年一度的觀光大餅，住宿、餐飲、購物、服務業等都會瞬間漲價，當然，湧入的大量觀光客也不會讓亞維農居民失望。

我們趁著早上氣溫還算舒服的時候，來到老城區懶懶地坐在路邊咖啡座吃早餐，雖然只有已吃膩了的麵包、果汁和咖啡，但是坐在街頭陽傘下看著來往的遊客，這似曾相識又有點陌生的畫面，讓自己產生一種不知身在何處的感覺，也許旅行就是為了讓自己陷入這種迷人的錯覺吧！想想也對，若非如此又有什麼機會能這樣放縱自己、放空自己呢？

待在法國十天，對於歐洲國家的生活方式又有一些發現，特別是他們對於早餐的重視程度，遠低於亞洲國家，絕大多數人僅以簡單的麵包搭配奶油或果醬，再加一小杯咖啡和果汁就是一頓早餐，如果再有火腿肉片、水煮蛋和優格奶酪，就立刻可升格成為星級飯店的自助式早餐了。這不禁讓我懷念台灣的早餐，不僅樣式多元，口味和料理方式也完勝歐式早餐，光是一個「美而美」的總匯三明治，就可以打敗這裡的一大半早餐店，更不說他們的咖啡真的沒有台灣的咖啡好喝。

不過，我們倒是在亞維農傳統市場裡吃了一頓開心的午餐，因為亞維農的傳統市場和佛羅倫斯中央市場不同，它雖然是傳統市場卻有冷氣，販賣的東西以熟食和蔬果為主，市場內也有牛肉攤開設的牛排餐廳，海鮮攤販兼做白酒餐廳，當然更多的是甜點、法式料理外帶，甚至連中式料理的熟食吧也有，真的非常精采，而且可以真正感受到本地人生活的樣子。

我們挑了市場角落一家由三個大男孩開的海鮮料理店，點了一份海鮮拼盤和兩杯白酒，他們的蝦和蠑螺超乎想像的Q彈軟嫩，吃完之後我意猶未盡，又加點了十個蠑螺和六隻蝦。算下來也很便宜，一顆生蠔約莫是新台幣八十元，蝦和螺的單價則約莫新台幣二十元左右，我們意外吃到了一頓在法國最滿足難忘的一餐，而且竟是在一個傳統市場的小攤上！

我們經歷的旅程其實就是在地人的生活，真實的生活正是旅行最難得的美好體驗，旅人唯有放下成見深入其中，才能真正體會得到。人生也是這樣，必須站在不同的立場去認識彼此之間的落差，才有辦法感受和理解。別讓人生變成一場走馬看花的旅遊，偶爾放慢腳步，走進生活中互相理解吧！

19 一座教堂，一個一生的承諾

西班牙，巴塞隆納

Jessica

我們願意付出多大的代價，去履行一個承諾？即使知道自己此生無法完成，也要用一生來堅守？站在聖家堂（Sagrada Família）前面，我不禁這樣想著。是忠誠？是決心？還是堅定的信念？做為史上唯一尚未竣工，就被列為世界遺產的建築，評價是兩極的，但無論是否喜歡這種特異的教堂建築，我認為設計師安東尼．高第（Antoni Gaudi）的精神是非常值得敬佩，連西班牙政府都希望聖家堂能夠趕在二〇二六年完工，做為高第逝世一百週年的紀念。

高第被譽為「上帝的建築師」。他奉獻所有的心血在設計聖家堂，為了建造經費，他不但到處去募款，還把他為富人設計豪宅的收入全部捐獻出來，晚年甚至還直接搬到教堂的工地居住，高第早就明白窮盡一生的歲月，也無法親自見到聖家堂完工的那一刻，仍然全心全意用生命來堅守承諾。

聖家堂是巴塞隆納的地標，教堂為拉丁十字平面，有東、西、南三個立面，分別是誕生、受難和榮耀，十二座塔樓象徵十二門徒，中間圓頂上還有六座高塔，代表耶穌、聖母，與馬可、路加、馬太、約翰四位福音作者。

從遠處看，聖家堂就像是一穗穗站立的玉米叢林，細膩繁複的結構，彷彿具有生命力地矗立在城市中心，無論是外觀或內部設計，都與其他教堂風格截然不同。高第藉由茂密森林、豐盛農作、田野動物、日月星辰的自然界縮影，以及超現實設計，來歌頌天地萬物皆是上帝的傑作，對他而言，天主才是他的客戶，他要用上帝的視角，來設計一座與眾不同的教堂。這是高第和天主的約定，終其一生致力信守的承諾。對我而言，這份承諾比前衛瑰麗的聖家堂更加令人感動！

除了宗教信仰，還有什麼樣的承諾可以維持一輩子？承諾的本質是堅持，是一份不朽的約定，就是無論如何困難，都要努力實現的過程。可是，這世上唯一不會變的是改變，凡事說的容易，做的難，或許是因為這樣，承諾才顯得如此珍貴，不能輕易許下。多少人一生都在追尋一個不變的承諾，但終究是如藍天白雲，隨風飄散，或是如夜間曇花，轉瞬即逝。又有多少人能夠真正許下承諾，歡喜做、甘願受？

尤其是感情，動情容易，痴情難，一時容易，一世難。「選你所愛，愛你所選」，並不是一句暫時的口號，而是像婚姻誓詞中所說，無論是順境或逆境、富裕或貧窮、健康或疾病、快樂或憂愁，我將永遠愛著你、珍惜你，對你忠實，直到永永遠遠。當一個人許下這樣的諾言，這中間就意味著犧牲、奉獻、責任、包容、妥協和尊重。我相信每段感情的開始，都是認真地想要長相廝守，但當激情褪去後，誰不是在柴米油鹽中見招拆招？

聖家堂獨特的風格舉世無雙，據說高第很多設計靈感來自巴塞隆納的聖山蒙塞拉特山（Montserrat）。這座山在加泰隆尼亞語意為鋸齒山，以有如鋸齒般的壯觀岩石風貌而聞名。山腰上有座歷史悠久的蒙塞拉特修道院（Monestir de Montserrat），是巴塞隆納地區最重要的宗教聖地，每年吸引許多人前來朝聖。五年前我曾到訪過，被這裡美不勝收的風景深深吸引，這次刻意二訪，不只是因為美景的緣故，更是因為一個承諾。

這裡位於巴塞隆納西北近郊，搭乘火車約莫一個小時即可抵達山腳，再轉乘黃色八角型的纜車即可輕鬆到達山上，走出纜車站，躍入眼簾的是綿延天際的懸崖峭壁，有如佛手柑堆砌而成的岩柱山巒，一瓣一瓣的巨石，彷彿是鎮壓住孫悟空的五指山，具有神力，在此神聖的結界，一切魑魅魍魎都要止步。

被奇岩怪石圍繞的蒙塞拉特修道院，神聖莊嚴更充滿靈氣，雖然來此朝聖者眾，但大家都非常虔誠肅穆，有人立在聖壇前靜默不語，有人在側殿仰頭祈禱，有人若有所思端詳著聖人雕像。年紀越長，越來越覺得自己渺小，生命中有太多無能為力的事，不得不對未知心存敬畏，而我也漸漸體會到，歲月最重要的饋贈，是越來越好的自己。那麼，信仰最可貴的價值，就是相信自己會越來越好。

修道院二樓的壁龕，恭奉著極為少見的黑面聖母，是加泰隆尼亞的守護神，朝聖者可以排隊瞻仰聖母的容顏。黑面聖母頭戴皇冠，臉型圓潤略長，面容莊嚴慈祥，一手持著象徵四方天地的聖球，一手抱著捲髮的耶穌聖嬰，安詳端坐著。面對著聖母，我眼眶泛淚，不禁想起過去，我也曾經站在同樣的位置，誠敬地祈求聖母賜給我智慧，許下要好好珍愛自己的諾言，而今天的我，是否有善待自己？我知道，這麼多年過去，其實我仍然沒學會如何愛自己。

我看到身邊許多女人，努力為家庭付出所有，直到臨老才發現，原來這輩子最虧待的人是自己，就算想要對自己好一點，心裡卻有一股莫名其妙的罪惡感，總是要選一個特別日子或找一個特別理由，才敢光明正大地對自己好，彷彿自己是次要的、是可以被忽略的。要不然就是過度要求完美，好像這樣才能找到適得其所的位置。我想告訴這些女人，**虧待自己，並不會得到別人的感激，自己的幸福要靠自己成全，愛自己不只是權利，更是責任**。幸福，是自己應該為自己許下的承諾。

我在側廊中點起一根蠟燭，深深感恩不管世界如何變化，恩典仍然夠用！也再度提醒自己，不要忘了好好珍愛自己。

▲ 神聖莊嚴又充滿靈氣的蒙塞拉特修道院。

20 旅行是為緣分植苗

西班牙，巴塞隆納

Andy

來到歐洲之後的第五個週末，我們從法國搭乘跨國高速鐵路抵達西班牙巴塞隆納。這次在巴塞隆納，Jessica 找到一個大學城周邊的學苑宿舍，在暑假期間將學苑中的房間改為旅館出租，環境非常棒，有許多公共設施，更特別的是它位於市區西側的科利塞羅拉山（Sierra de Collserola）的山麓，在半山腰上的高度剛好可以俯瞰整個巴塞隆納市區，也可以看到港口和地中海。

星期天早上吃過早餐，我們悠閒搭車來到巴塞隆納市中心的加泰隆尼亞廣場（Placa de Catalunya）和著名的蘭布拉大道（La Rambla），我在二〇一七年曾經因為工作關係而造訪此地，當時就住在蘭布拉大道上的美麗殿飯店（Le Meridien Barcelona），至今仍對這條遊客如織的步行大道印象深刻。

我們享受著早上微涼的風，輕鬆地走到港口邊，久違了！美麗的巴塞隆納港。看著湛藍清澈的地中海，心情頓時開朗了起來，隨後我們買了遊港的船票，搭乘遊艇繞行巴塞隆納的內外港口，從海上欣賞港灣和城市另一個面向的風貌，這也是從未有過的經驗。

港內的海水清澈，碼頭清潔有條不紊地運作，而且漁船碼頭就設在私人遊艇碼頭旁，既看不到髒亂，也聞不到任何魚腥味。更特別的是，偌大的港區停靠了好幾艘數萬噸排水量的大型郵輪，可以想見有多少遊客正在岸上觀光，一望無際的貨櫃碼頭及吊車正在運作，港外海面上十幾艘貨輪正在排隊入港。另一邊的海岸線上以W飯店為起點，綿延約有十餘公里長的金色沙灘和滿滿的戲水人潮，近海有風浪板、帆船、水上摩托車等各種水上活動，尤其以帆船運動特別的多，真是不負西班牙做為大航海時代霸主的盛名，西班牙人非常熱愛海洋。

這不禁讓我有所感觸，世間凡事有增有減，無法一成不變，天下萬物也是有生有滅，無法恆久不衰。就如同昔日海上霸權終會輪替、式微、衰敗，但是冒險精神和重視眼界的海洋文化，卻在傳承中成為西班牙人的生活日常。或許人生就是要學習像哥倫布一樣，要有揚帆航向世界盡頭的勇氣，不必受限於未來會如何，因為只有勇於挑戰未知，才有機會發現新大陸。

若你問我義大利、法國、西班牙，三個國家有什麼差異？以旅人的角度來觀察，有幾個有趣的點可以分享。從食物的多元性來看，西班牙的料理方式、食材、性價比都勝過其他兩地，尤其是食物的種類，我們在義大利、法國都找不到的亞洲泡麵，竟然可以在西班牙的超市裡看到，甚至連豆腐都有得買，更不用說蔬菜水果、肉類和各類麵包、米飯和東方食品一應俱全。所以，「食」的部分西班牙是完全勝出。

南歐三國還有一個比較大的不同，義大利的英文普及程度較低，法國人是即使聽得懂英文也堅持要講法文，西班牙如果是在大都市，遇到年輕人較能用英文簡單溝通。因此，我觀察義大利人的生活方式比較簡樸，對飲食的要求簡單，但是他們非常注重個人形象和穿著。而法國人的生活方式比較嚴謹，但又偏好營造浪漫氣氛，所以無論飲食、穿著、生活方式都比較形式主義，特別是喜歡在大庭廣眾晒恩愛，情侶在大馬路、公車上抱來吻去都是十分平常的景象。而西班牙的生活則非常隨興和外向，他們沒有太多忌諱的食物或習慣，生活步調相對緩慢一點，但也更務實和樂天。以我個人的感覺，在西班牙旅行的樂趣可能會更多一點。

我不知道未來是否有機會再來巴塞隆納，但我深信它美麗與獨特的城市魅力將會一直留存在我的心裡。無論你是否曾經造訪歐洲，我由衷建議別遺漏了西班牙，更不要錯過了巴塞隆納！

21 動盪歲月中的華麗身影

西班牙，格拉納達

Jessica

二〇二〇年元旦，迎面而來的不是逢年過節的喜悅，而是一場全球性的風暴，新冠疫情肆虐，恐慌的情緒蔓延著，一段漫長的動盪歲月就此開始。世界各地死亡傷病無數，經濟嚴重衰退，失業率急劇上升，社會活動一律停止，生活被迫以小碎步且戰且走。

虎視眈眈的病毒，限制了大家的權利和自由，不能出國、不能旅行、不能上班、不能上學、不能看醫生、不能外出時，連呼吸一口新鮮空氣，都是難能可貴的奢侈。大家痛苦爆棚，只能一邊緬懷過去美好的時光，一邊惶惶期待能夠撐到解封之日的到來。日子難過到連《時代》雜誌（*Time*）的封面，都將二〇二〇年畫上一個紅色大叉叉，評為「史上最糟糕的一年」。

經過三年的警戒，疫情仍然尚未結束。做夢也沒有想到，我們會在這艱困的情境下，再度重回格拉納達（Granada）。上次到訪這裡時，我們過著太平的日子，旅行只是一種錦上添花，而這次所到之處，卻有著一種風景依舊、人事已非的惆悵，也許是冥冥中自有安排，要我在格拉納達重新學習如何在困頓中找回人生希望。

格拉納達是西班牙南部安達魯西亞自治區（Andalucía）中，最有魅力的城市，這裡曾經被來自北非的摩爾人統治長達八百年，直到十五世紀末，才被天主教雙王收復，雖然西班牙自此完成統一大業，但當地的摩爾人和羅姆人也從此過著被驅逐的生活。這段歷史讓格拉納達有別於歐洲其他城市，融合了伊斯蘭及西班牙東西雙方文化，在熱情中帶一點神祕、繁華中帶一點蒼涼，美麗之外，又充滿著濃濃的哀愁。

晚間七點，太陽西斜，我們走入迷宮般的阿爾拜辛區（Albayzin），小巷蜿蜒陡峭，空氣中瀰漫著一股混雜了沉香木和辛香料的中東薰香氣息，灰瓦白牆的小平房內種植著高聳筆直的棕櫚樹，充滿濃厚的異國情調。來到制高點聖尼古拉斯瞭望台（Mirador San Nicolás），藝人在廣場一角邁力演出，吉他聲伴隨著擊掌聲響起，情緒張力就展現在奔放的節奏裡，歌手聲音沙啞嘹亮，唱著濃烈滄桑的歌曲，旋律時而沉重、時為輕快，浮浮沉沉、千迴百轉，彷彿唱出了摩爾人的悲歡離合，酸甜苦辣的真實人生。

瞭望台是觀賞宏偉的阿爾罕布拉宮（Alhambra）的最佳地點，在阿拉伯語中，阿爾罕布拉宮意為「紅宮」。夕陽西下，遠處的內華達山脈一抹玫紅，堪比胭脂嬌豔，霞光映射，高低錯落的宮殿、孔雀綠的尖塔、石砌的古城牆，泛起金紅色的光芒，好像在大地抖落一片金沙，連樹梢都泛著點點光彩。暮色漸起，山巒上的宮殿率領著谷底的城區，點起盞盞燈光，迷茫夢幻的氛圍，有如在夜空中灑滿了星星，又像璀璨珍珠灑落人間，令人痴迷！

有別於夜晚的嫵媚，清晨的阿爾罕布拉宮顯得神采飛揚。這裡是歷屆摩爾蘇丹王及西班牙國王的住所，摩爾人擅長繁複、細膩、對稱的幾何建築，精雕細琢的圖騰和濃烈對比的色彩，再再突顯王族的高貴尊榮，陽光照射在精緻有如蕾絲的花紋浮雕，產生的光影變幻莫測，讓人嘆為觀止，卻又眼花繚亂。而風格優雅的噴泉，為酷熱的天氣捎來一絲清涼，秀氣飄逸的水流律動，悠靜中透露著奢華，彷彿蒙紗的妙齡女子，婀娜多姿擺弄風情。

格拉納達還有一場華麗的盛宴，濃縮著生命的精華，那就是佛朗明哥（Flamenco）。在西班牙收復失土後，失去所有的摩爾人和羅姆人，被迫遷徙到阿爾拜辛區東邊的聖山（Sacromonte）挖掘洞穴建造家園，流離失所的他們，透過歌曲、舞蹈及敲擊的變化，來抒發心中的悲憤、恐懼、喜悅或希望。佛朗明哥舞者身手矯健地在地板上，踩出不可思議的快速步伐、俐落扎實的聲響，配合著雙手撩轉和身體舞動的節奏，搭配歌手如泣如訴的唱腔，成為非常獨特的文化藝術，已被聯合國教科文組織納入非物質文化遺產。

我們在當地人的推薦下，在岩洞裡看了一場道地的表演。對我而言，佛朗明哥是驕傲的舞蹈。台上歌手渾厚蒼涼地吟唱著，是人情冷暖；舞者熱情奔放地踢踏著，是人生起伏。佛朗明哥不只是表演，更是對生活的吶喊。那些對生命的悲喜，對感情的眷戀，曾經的燦爛輝煌，曾經的幽暗衰敗，都要在舞台上盡情演出。越是被生活所傷的人，越能夠體會表演者流露的情感。高昂的情緒、明快的步伐、低沉的歌聲，如同在告訴我：**縱使輸給命運，也不能輸去生活**，縱使失敗，也要暢快活一場，縱使痛苦，也絕不放棄。佛朗明哥就像是一隻破繭而出、翩翩飛舞、美麗又自由的蝴蝶。

有時，我們不也像是被繭困住一樣，痛苦地蟄伏著嗎？每個人都可能被周遭的環境擠壓到喘不過氣來，像是背負著枷鎖前進，但是，無論如何掙扎，也不能放棄，即使在生命的低谷，我們也要用雙手接住自己！即使生活為難著我們，我們也要昂首拿回人生主導權。格拉納達的市徽是豔紅的石榴，象徵著美好豐盛，我相信只要持續燃燒希望，幸福的曙光就會來臨。

◀ 歷經悲歡離合的阿爾罕布拉宮。

22 酒香不怕巷子深，總會有好風景

西班牙，格拉納達

Andy

過去十幾年來，亞洲地區的國家，包括中國、韓國、日本等地的旅遊節目或偶像劇，時常到西班牙中南部幾個具有特殊異國氛圍的城市取景，例如格拉納達、塞維亞（Sevilla）等，也因此帶動了一波觀光旅遊熱潮，尤其是格拉納達因為韓劇《阿爾罕布拉宮的回憶》，二〇一八年播出後，創造了韓國人前來此地遊玩的潮流。

當我們飛抵格拉納達，這個城市的小小機場卻也是遊客爆棚，機場的繁忙程度和五年前我們第一次造訪相比較，是有過之而無不及，幸好我們動作快才能趕上第一趟巴士。經過四十分鐘的巴士轉乘來到市區，在進入市區前我觀察到格拉納達新建了非常多的住宅，其風格及整體社區的環境，和過去一個月來我們曾經去過的許多城市相比，相對乾淨且功能齊全了許多，具有本地的特色，又讓人覺得宜居舒適，實在令人耳目一新。

但這次我們仍然選擇住在格拉納達的老城區——阿爾拜辛區，這個從十四世紀摩爾人在此建城時，就已經在阿爾罕布拉宮城外的河谷丘陵的老城區，房舍雖然老，但是狹窄曲折的巷弄、沿山坡建得密密麻麻的老屋，卻充滿了伊斯蘭風味和摩洛哥建築的特色，住在這裡才可以真正體驗此城特有的風土人情。

傍晚，經過氣喘吁吁的爬坡步行後，我們終於再次坐在阿爾罕布拉宮對面山頭的咖啡座上，從太陽漸漸準備下山、到夕照完全將其染紅，而後夜幕低垂，它點亮燈光後變成金色的城堡，算是圓了我們五年前沒能完全見識其美景的遺憾了。不敢奢求未來還有機會能再來一次，所以就在這裡待到晚一點吧，今晚過後不知何時能再見，這美麗的阿爾罕布拉宮的夜景。

其實旅人走過的地方不僅是旅途，也是學習和成長的過程，從不熟悉、會怯步、怕陌生、或迷途，到最終我們將會變得能寬容對待變化，即使走錯路也能一笑置之，但最重要的是別忘了旅行的初衷，是豐富自己的生命和視野。人生也是如此，急急忙忙地趕路，就像深怕自己走得比別人慢、看得比別人少，殊不知，每個轉身的角度都有不同的景色。

五年前我們曾經來過西班牙中南部的許多城市，這次唯獨挑了格拉納達再次造訪，除了阿爾罕布拉宮的美景，這個城市的獨特魅力就在於它有種莫名的迷人氣息，或許是因為它曾經是信奉伊斯蘭教的摩爾王朝，統治西班牙時做為政治中心的千年古城，因此在錯綜複雜的街道巷弄中，總是散發一種耐人尋味的探索樂趣。看似巷子已經到了盡頭，走到底才發現又一個轉折可以向上攀升，只要你的體力夠用、耐力夠強、決心夠堅定，就能夠一直找到新的出路，最後直達城市的頂端。

另一方面，或許是它長期特殊的歷史沿革，居民的生活習慣中混合了摩洛哥的北非風情，又有一部分西班牙傳統的文化，也就產生了非常特別的格拉納達風格，尤其在飲食方面非常明顯。例如街頭販售中東口味沙威瑪（Shawarma）的小店特別多，各種香料及不同的肉品在旋轉烤架上燒烤，散發出濃濃的烤肉香味，從各家小店飄散穿過每條巷弄小道，整個老城區總有一種揮之不去的焦香氣味。

除了沙威瑪，海鮮竟然也是這個內陸城市居民的最愛，我們在阿爾拜辛區的傳統市場吃午餐，發現幾乎每攤都在賣海鮮，但當地的海鮮偏好用酥炸的方式處理，調味也和我們在法國亞維農、西班牙巴塞隆納等地吃到的海鮮不同，此地不用美乃滋沾醬，而是在酥炸的海鮮灑上海鹽及香料粉，所以吃起來又是不同的感覺。

我們會再訪格拉納達的另一個原因，也許是因為它的生活步調相較於其他城市更緩慢一點，而藝術和文化的氣氛也更濃厚，我們在巴塞隆納尋覓許久，想買一張佛朗明哥音樂舞蹈的 DVD 送人，可是怎麼都找不到，來到格拉納達第一天就找到專賣店，挑到滿意的禮物，順便也在店裡買了票，準備晚上就去欣賞現場表演。回想五年前我們來到此地曾經想要完成而未完成的事，這一次應該都完成了，由衷感謝自己的幸運，能有機會再來格拉納達走這一回。

酒香不怕巷子深，只要是好酒，客人穿街過巷也會找來買。人生也是如此，一眼就可以看到盡頭的大道雖然好走，卻少了驚奇和旅行的樂趣，蜿蜒曲折的道路或許費時又費心，但因視野不同，總是會有好風景。這一趟西班牙的回憶之旅正好可以印證。

23 無緣的城市 vs 一眼就愛上的城市

西班牙，馬德里；葡萄牙，波多

Jessica

如果說這趟旅程中有任何讓我很猶豫的事，那就是要不要到訪馬德里（Madrid）這個城市了。

馬德里是西班牙首都，也是歐盟當中僅次於巴黎和米蘭的第三大城市經濟體，但是，我對這個城市印象一直不佳。上次到訪馬德里時，每次出門民宿主人總是一再提醒我看緊財物，即使坐在戶外喝杯咖啡，服務生也會使眼色要我提高警覺，這個城市扒手猖獗，連當地人都深受其害。其實，我在歐洲自助旅行多年，知道扒手的厲害，也習慣使用S扣環來提高防護，即使已經再三小心，還是差一點就慘遭被扒，雖然有驚無險，但自此對馬德里也非常沒有好感。

其實歐洲許多城市同樣都是小偷盛行，我曾經親眼見識過好幾次，連這次在羅馬搭乘地鐵時，Andy也被盯上，但我也沒有如此反感。主要是因為，馬德里美則美矣，卻缺乏自己的風格，讓我覺得就是一個典型的歐洲都市樣貌，不像巴塞隆納擁有高第的奇幻建築，也不像格拉納達充滿濃厚的伊斯蘭風情，甚至連郊區的托雷多（Toledo）、塞哥維亞（Segovia）古城，都更加具有豐富的中世紀文化特色，所以，如果不是要從馬德里搭飛機前往葡萄牙，這次我應該會直接跳過馬德里。

雖然不喜歡這個城市，但旅行多年，也學會不要一味用自己的觀點去評判，因為仍舊有許多人喜歡馬德里，這裡是逛街購物的天堂，各大品牌林立、商店集中。在酷熱的夏天，冷氣比義大利、法國都涼快許多，街區又充滿美味的餐廳及塔帕斯（Tapas）小食店，夜生活也多姿多采，而且地鐵普及，各大景點都可以輕鬆抵達。但是，行走在這裡就是無法放鬆自在，尤其是這一次，許多廣場及大樓剛好都正在進行維修，連小熊吃莓果的市標也都潦草地用木板圍了起來，工地凌亂危險不說，道路旁也多是滿出來的垃圾，缺乏一個國際大都市應該有的維護。

我抱著戒慎恐懼的心情在這裡待了三天，仍然沒有重新愛上這裡。這就和人一樣，喜歡你的人，會覺得你的缺點就是特點；相反地，不喜歡你的人，會覺得你的特點就是缺點。所以，這就是城市和旅人的緣分。我只能默默說，馬德里，抱歉！我們無緣啦！

告別馬德里，我們搭機前往葡萄牙波多（Porto）。葡萄牙和西班牙比鄰而居，同處伊比利半島，但是，從高空中，可以明顯看到兩個國家有所不同。鳥瞰大地除了馬德里，多是一片的黃土平原。但一進入葡萄牙領空之後，綠覆比率明顯提高許多，大地一片翠綠直到天際，我猜想比起西班牙，葡萄牙的農業應該更為發達。

與馬德里相反。**有些城市你一眼就會愛上它！**或許是海面上吹來徐徐的涼風、或許是行人緩慢的步伐、或許是一面青花藍磚牆、或許是那些上上下下的石子路、又或許是因為那塊溼答答的三明治，我們不由自主愛上了波多！

這個城市有種獨特的魅力，一片片紅瓦的房子，平坦的牆面少有陽台，更鮮少有突出的花紋裝飾，但用色卻比我們這次到訪的其他城市更為大膽，洋紅、墨綠、鮮黃、靛藍、粉桃、米灰，鮮豔又對比，加上葡萄牙特有風格的青花藍磚，及牆面上的塗鴉，整個城市既花俏又顯得童趣。許多人悠悠哉哉一早就聚集在廣場上，或坐或臥、或野餐或小酌，一邊聽著街頭藝人精采演奏，一邊閒聊話家常，悠閒似乎是波多的日常。

城市和人一樣，真正的美麗出自於內在。杜羅河（Douro）絕對是波多的靈魂，少了杜羅河，就沒有優雅的路易一世大橋（Ponte Dom Luís I），也不會有浪漫的夕陽浮光躍金，更不會有甜美的加烈波特酒。因為杜羅河，波多的美才令人流連忘返。

如果說下游的杜羅河，有如打著領結的優雅紳士，那上游的杜羅河，正如秀著肌肉的粗曠壯漢。我們搭乘期間限定的火車，深入杜羅河上游，這條路線沿路可以欣賞河谷景色，清晨的濃霧寒冷蕭瑟，泛紅的林間顯得有些早秋的氛圍，平緩的山巒，兩岸層層疊疊的梯田種滿了葡萄樹，碧綠色河流貫穿山谷，綠水盈盈、水波蕩漾，河道

▲ 酒不醉人人自醉的波多。

上遊船來來往往，杜羅河平易近人卻又令人迷醉。

火車停靠在目的地皮尼揚（Pinhão），據說這裡從十八世紀開始生產葡萄酒，是世界第三歷史悠久的產區，這邊生產的加烈葡萄酒，順著杜羅河運送到波多，如此才能標記為波特酒（Port Wine）。我們選了一家古老的酒莊 Quinta do Bomfim，坐在杜羅河畔，就著河光山色慢慢啜飲，入口醇厚香甜，充滿果乾、巧克力、堅果及木桶的香氣，甜蜜的滋味令人難忘。我總是喜歡在旅行的過程中，為自己製造一些特別的回憶，因為我相信，**幸福的記憶，會帶領我們找到下一次幸福的機會**。

夜晚來臨之前，我們來到新城區的杜羅河畔，河岸餐廳一位難求，夕陽西下，落日的餘暉將天空映照得霞紅滿天，杜羅河上一片浮光掠影，老城區籠罩在金橙橙的霞光之中，溫暖中洋溢著浪漫。對岸歌聲響起，黑夜漸漸降臨，一盞又一盞的燈光，從遠處慢慢亮起，河面上映照著七彩霓虹，隨波搖曳如幻似真，路易一世大橋雙層拱橋投射著金光，在夜色中熠熠生輝。此時此刻，波多瀰漫著五光十色，令我們目眩神迷，久久不能自已，直到夜深。

波多的美，讓我們欲走還留。

24

只求吃飽的旅行太無趣

葡萄牙，波多

Andy

旅行至今已經超過四十天，進入八月分，葡萄牙比我們想像的要涼爽舒適許多，早晚沒有陽光時會覺得有些涼意，夏季能有這樣的氣溫，真的讓我們有點喜歡上此地了。

初到波多，對這個城市的第一印象就不錯，因為我們一大早九點半飛抵波多機場，從下飛機取托運行李、到機場的捷運月台，過程約莫只花了三十分鐘，足見機場運作的效率和設施配置的合理性。尤其是輕軌捷運，是波多的主要大眾運輸工具，可抵達市區的各個主要地區，所以，從機場大廳的出口登上手扶梯就可以抵達捷運，真的非常貼心且方便。

波多的市區類似美國舊金山，地形高低起伏頗大，所以沒有地下化的鐵道，而是採用完全地面化的輕軌電車，反而讓波多這個城市增添了一點特別的風味，而旅人也更容易透過電車清楚看到整個城市的美麗風貌。

波多最明顯的城市特色除了它的地形，就是發源於西班牙、全長近九百公里的杜羅河，杜羅河由東向西貫穿葡萄牙，從波多出海。杜羅河兩岸山坡上各種繽紛色彩的建築，相互交錯又平衡地在彼岸互相遙望，就成了波多最具代表性的城市意象。

在這片美麗的河岸風光中，扮演重要角色的是橫跨兩岸的「路易一世大橋」，這座鋼製拱橋連結了新舊城區，從一八八〇年動工到一八八六年落成，高度四十五公尺、總長三百八十六公尺、跨度一百七十二公尺，是當時的世界第一，為紀念當年的葡萄牙國王，所以命名為路易一世大橋。

親自走在這座完工超過一百三十年的鐵橋上，和熙來攘往的人群及運行中的電車擦肩而過，非常有懷舊思古的悸動，想像它跨臥在杜羅河上一百三十餘年，受盡風雨烈日的磨練，也承載了多少人車往來，靜靜地等待著我們今天從它身上走過，是多麼大的緣分才能促成這樣的邂逅？我們又怎能不感動呢？

站在路易一世大橋上，看到遠處杜羅河出海口的夕陽正映照在水面上，而河面的遊船正緩緩劃破河水，形成鱗波，彷彿一層層金色的浪，朝

◀ 雙層結構的路易一世大橋。

向橋上的我們撲來，真有如金濤銀浪奔向自己的歡喜，實在好看。登上大橋南端的修道院廣場再看大橋，拱橋的跨度結構和兩岸的建築更加清晰完整，才明白波多的城市浪漫氣氛是上帝賜予的麗質天生，因為沒有了這渾然天成的地形與大河，再多美麗的建築和橋梁，也組合不出這樣協調又別具風味的美景，只能說這是一個值得細細品味的好地方。

初次造訪波多後，有了一個新的體會，造物者其實是公平的，每個城市、每個人都有自己與眾不同的地方，城市只要能順應自然環境並發揮獨有的優勢，就能發展出自己的特色。人生也是如此，天生我才、人皆不同，**不必羨慕他人如何，只問自己如何發揮最能怡然自得**。

我們在波多短暫地休息整備兩天，即將暫別舒適的城市和星級酒店，前往葡萄牙和西班牙的邊界小鎮瓦倫薩（Valenca），展開七天六夜的聖雅各朝聖之旅。所以，利用在波多休整的最後機會，我們特別挑選了城市中的精華地段，去感受和領略葡萄牙的人文與藝術，我們從住處步行到著名的 Fabrica 咖啡店，一開始只點了兩顆蛋塔和一個可頌麵包三明治，再加兩杯咖啡，誰知道我們咬了第一口蛋塔之後，Jessica 就尖叫連連說太好吃了，直接再去加點，結果她共吃了三顆，而我則吃了兩顆葡式蛋塔。我心想，等到了里斯本（Lisboa），我們應該會吃得更多。

第一次造訪葡萄牙這個國度，才待了兩天而已，我們明顯觀察到它和其他歐洲國家的不同。首先是葡萄牙人最勤奮，早上開店時間很早、晚上結束營業時間很晚，甚至有超市的營業時間是早上八點到晚上十一點，餐廳則是早上十一點開到凌晨一點。第二個不同是葡萄牙的服務態度明顯優於其他歐洲國家，無論餐廳服務生、商店店員都非常客氣，對亞洲面孔也不會有差別待遇。第三個不同是葡萄牙的食物最接近亞洲風味，揉合亞洲食材和歐洲烹調的優勢，味道很棒！也因此，在葡萄牙的這幾天確實讓我們輕鬆自在許多。

在波多的街頭漫步，遊客遠超過當地人，所以大家的步履輕盈而悠閒，當然城市的獨特風貌確實很容易讓人時而佇足觀賞、時而拿著手機拍照，我們想要快速移動都很困難。尤其是在波多主教座堂（Sé do Porto）、聖本篤火車站（Estação Ferroviária de São Bento）和著名的花街（Rua das Flores），這個三角區域是最熱鬧的商業區，有許多仍保持十八世紀原樣的建築，充滿華麗的洛可可風格（Rococo），又摻雜了葡萄牙特有的陶瓷燒製藝術裝飾，在外牆上或有大面積的青花白瓷磚拼畫，或有多種色彩的馬賽克瓷磚組成的花紋圖案，使得建築物在這座城市變成舞台上百花盛開的美景。同時，小巷中常見有人在幾層樓高的牆面上畫出巨幅的藝術創作，使得這個城市處處充滿色彩，即使陋巷也能見到驚豔。

當然，波多和其他歐洲城市一樣有許多街頭藝人，但是此地音樂表演的藝人特別多，每一位都值得停下腳步好好欣賞。當夜色降臨，多數廣場周邊都是露天餐廳，排隊人潮會從八點一直到午夜，我們禁不起美食誘惑，去了知名餐廳 Brasão，點了烤肋排、章魚腳漬物、牛肉可樂餅等餐點，不得不承認，旅行中的異國美食是非常重要的元素，我相信葡萄牙的美食，會是我想念它的關鍵原因。

只求吃飽的旅行太無趣，食物除了充飢飽腹更要能滿足心靈，冒險踩雷也要試試當地美食才是真旅人。**人生也該如此，追求美好又有味道的生活，是豐富人生的本質和本能，不要因為現實生活而放棄任何可能**，因為即使是庶民價格，也是有美食可以享受的，重點是要勇於嘗試和探索。

第 3 章

在朝聖之路，拾回夢想

▲ 從心開始的聖雅各之路。

25

以自己的節奏前行，不必爭先恐後

葡萄牙，瓦倫薩→西班牙，波里尼奧

Jessica

波多位在杜羅河的出海口，清晨起霧時，即使八月天仍舊有涼意，坐在飯店露台上吃早餐，看著整個城市籠罩在一片朦朧之中，遠方的教士塔（Torre Dos Clérigos）若隱若現，就像一位駐足在迷霧森林中的修士，有種寧靜安詳與世無爭的感覺。

一隻剛從港口洗好澡的海鷗，頭髮還溼漉漉的，飛到我們座位旁邊，大方地來回踱步，牠歪著頭、眼睛咕嚕咕嚕轉，賊兮兮地盯著我們的食物，看牠飢腸轆轆像嬰兒哇哇叫著，我不忍心，偷偷剝了一顆水煮蛋給牠，只見牠一口吞下還不滿足，直接大方又識貨地從我的餐盤上叼走一塊蛋塔，就站在我身旁享用起來，絲毫沒有要客氣的樣子。本來我還在嫌棄這頓早餐要價太貴，所幸有這隻大膽的海鷗加碼演出，總算值回票價。

我跟海鷗說，我們就要準備去走朝聖之路了，你吃了我的早餐，是不是應該來場海鷗的報恩，幫我背行李吧！牠斜著小眼睛，露出眼白瞪著我，大概是說：你想得美！

我們搭乘巴士來到葡萄牙最北端的瓦倫薩，這個小鎮隔著一條米紐河（Rio Minho），和對岸西班牙的圖伊（Tuy）相望，我們準備將這裡做為朝聖之路的起點，徒步走到距離一百二十多公里外的聖地牙哥－德孔波斯特拉（Santiago de Compostela）。

朝聖之路又稱為聖雅各之路（El Camino de Santiago），是少數被聯合國教科文組織登錄為世界遺產的參拜道路。相傳有修士循著星星的指引，一路尋到耶穌十二門徒聖雅各（St. James）的遺骸，而在聖地牙哥－德孔波斯特拉建造教堂將其安葬，也就是目前的主教座堂（Catedral de Santiago de Compostela），從此這個地方和羅馬、耶路撒冷並列為天主教三大聖地，自中世紀以來，便吸引無數教徒前來瞻仰。

現在最熱門的路線有法國之路、銀之路、北方之路和葡萄牙之路。然而，朝聖之路其實並沒有固定的起點或終點，在歐洲只要跨出家門，往聖地牙哥－德孔波斯特拉的方向走，都算是朝聖之路，**即使抵達目的地，也可以繼續走，甚至有朝聖者花了數年的時間，不中斷地一直走著**。

據官方統計，每年約有三十萬人來走朝聖之路，但大部分的人礙於時間或體力，都是只走一小段，或是分段完成，也沒有規定要限期完成。所以，路途長短或時間，每個人可視情況自行安排，只是，如果想要申請朝聖證書，徒步至少要累積一百公里。我們因為這趟旅程最後停留的國家是葡萄牙，又考慮到我和 Andy 不常運動，幾經思考決定從瓦倫薩開始走，每天大約步行二十公里，預計一週內抵達。

我們已經提前在波多主教座堂申請朝聖護照和貝殼，這兩樣是朝聖者必備的物品。朝聖護照用來記錄每個人路過的地點，沿途教堂、餐廳、住宿處都能蓋章，除了是留作紀念，也是申請朝聖證書時所經里程數的證明，而象徵旅途平安的貝殼，是朝聖者的信物，主要做為身分識別，扇貝上放射狀的線條，最終匯集成一點，就像來自世界各地的朝聖

▲ 帶著自己的故事上路。

者，最後都將殊途同歸。

瓦倫薩的時間讓我很錯亂，走在街上明明顯示的是葡萄牙的時間，轉個彎卻少了一個小時，變成西班牙時區，手錶數字像跳探戈一樣，進進退退！我索性不管，看著天色還亮閃閃，就沿著古城牆閒逛，小鎮不大，三十分鐘可繞行一圈，城牆採內外多層設計，還有幾座哨崗，猜想過去可能是個重要的防禦堡壘，如今卻是商店、餐廳林立，我們選了一道葡式海鮮燉飯做為午餐，比起米粒半生不熟的西班牙燉飯，葡式燉飯的米心熟透又粒粒分明，加了香菜後，口味有點像是台式鹹粥，非常亞洲，我們吃得鍋底朝天。

清晨七點尚未日出，天色混沌不明，我們已經動身。第一天的行程將從葡萄牙瓦倫薩，步行到西班牙波里尼奧（Porriño）。路線指引我們穿越國際大橋（Ponte Internacional），這是一座設計新穎的鋼構橋，橋旁有獨立的人行步道，中間用黃線簡單標示著西葡兩國的界線，一腳一邊便同時橫跨兩個國家，這麼難得的體驗，當然所有路過的人，都要在此拍照留念，結果界線被踩得模糊不清，我們一不注意，差點錯過。

這天的路線雖長，但地勢平緩，只有剛開始進入圖伊小鎮時，爬了約十來分鐘的陡坡，其他路段大都是原始森林，走在林間步道，兩旁綠樹參天成蔭，野花生氣盎然，幾座古樸的石橋，潺潺流水顯得分外寧靜。離開圖伊時，森林景色開始轉換為田園景觀，路邊種有結實累累的葡萄，還有一大片即將收成的玉米，在陽光的滋養下，株株壯碩肥美，比人還高。

路上遇到的朝聖者不多，每個人都用自己的節奏前進，擦肩而過時，彼此會互道一聲「Buen Camino」，意謂一路平安。**我們有時候超越別人，有時候被超越，但是，彼此都不會介意，也不會互相追趕。**我忽然覺得人生或許也可以這樣自在，不必爭先恐後。

想起小時候爭成績名次，長大了比薪水高低，再來就較量權力地位，舉凡身材外貌、婚姻子女、開的車、吃的飯、甚至認識的人，無一不能拿來競爭，人生充滿得失比較，迷失在輸贏當中，心裡止不住地羨慕、嫉妒、自卑、自負、不安或焦慮，不但生活放錯重心，也忘記什麼才是真正需要，無法肯定認同自己，也很難好好欣賞別人，到頭來活得身累、心更累，這樣追逐勝利的人生真的快樂嗎？

第一天上路，我們缺乏配速經驗，中午烈日當頭，我們離目的地還有好幾公里，離開林蔭，走在沒有遮蔽的公路上，體力慢慢有點吃不消，看 Andy 汗流浹背、舉步維艱，我雖然擔心他負荷不了，卻也無計可施，只能一路鼓勵。下午二點，我們終於抵達波里尼奧，三萬多步的禮物，是腳趾水泡一顆！

26 Buen Camino，祝你一路平安！

葡萄牙，瓦倫薩 ↓ 西班牙，波里尼奧

Andy

出發朝聖之路前一晚我幾乎是半睡半醒的狀態，雖然我們在晚上九點即準時就寢，但不知是否因為太擔心或太緊張而沒睡好，清晨五點半鬧鐘沒響，我就已經起床了。看到窗外仍一片漆黑，只能先慢慢收拾行李，隨後喝了一大杯加了維他命發泡錠的水，沒吃東西就背起近十公斤的背包出門。到了旅宿樓下，發現早已有其他朝聖者出發了，我們默默地跟著別人的腳步，正式開始了我們的朝聖之旅！

原本擔心會迷路或找不到路線而下載的APP，基本上沒什麼機會用到，沿途會不斷有新的朝聖者追上來，不用擔心迷失方向，更重要的是每隔一段距離就會有聖雅各之路的里程碑和指標，在比較複雜的路口，也會有前人用黃色噴漆在地上、牆上或路標上，畫出大大的黃色箭頭指示，完全不用擔心會走錯路。

按照計畫，第一天我們必須步行十九公里才能到達預定投宿的小鎮，雖然辛苦，

但是沿途的風光真的很棒，西班牙農村的各種農作物，像葡萄、玉米、番茄，沿途隨處可見，還有好多不知名的鮮豔花朵盛開得非常美麗。而以一身朝聖者的裝備和打扮走在路上，迎面而來的西班牙人多數會跟你打招呼，問候一句「Hola」（你好）或是「Buen Camino」（祝你朝聖路上平安）。

途中，我們行經一段車輛與行人共用的陸橋前，還遇到一位西班牙人在後面拚命地叫我們，因為我們沒注意到自己正逆向從左側走上陸橋，他遠遠在橋頭看見，就按喇叭並大聲叫我們，一開始我以為我們走錯方向了，經過一陣比手畫腳之後才知道，他是提醒我們要走公路右側才比較安全，當地人對於朝聖者發自內心的關心和幫助，讓我們感到格外感動！

經歷了近七個小時的奮鬥才完成第一天的路程，最後的三公里我其實已經快撐不下去了，因為中午後的氣溫飆升到攝氏三十八度，走在完全沒有樹蔭的公路上，真的很煎熬，心裡一直想著要不要乾脆攔計程車算了。但是我看到走在前面的 Jessica，雖然步伐已經放慢且變得有些凌亂，仍然堅定向前走，沒有停下來的意思，所以我跟著、走著、痛著、忍著……也就走到了。

27

人可以扶持你一段，不能背負你一生

西班牙，波里尼奧↓雷東德拉

Jessica

第二天的行程是從波里尼奧走到雷東德拉（Redondela）。有了前一天的經驗，我們決定六點出發，希望能提早到達目的地。我查了資料，發現這一段路距離沒昨天遠，但地形落差比較大，等著我們的是五、六個陡峭的山頭。我和 Andy 討論決定調整策略，以快走、慢爬、短休息的節奏，來降低體力負荷。

考量到要負重行走，一切以精簡為主，**生活中的「必要」或「想要」**，**在這時候必須有很明確的答案**，**這是朝聖之旅的第一個學分**，**放下身外之物**。在朝聖之路啟程前，我已經把大型行李寄放在波多，隨身只帶一套換洗衣物、一件防風防水外套、輕便雨衣、拖鞋、緊急藥品、防晒乳、一小瓶乳液、一塊肥皂、水壺和幾包充飢的零食，加上穿戴著的帽子、鞋子、登山杖，看著別人辛苦背負著大型登山包，我很慶幸自己選擇輕裝上路。

其實，如果實在背不動，沿途村莊大都有提供寄包服務，可以協助把背包寄到下一個住宿處，託運的費用也不高，我們也曾看到有人只帶著一個輕量包上路。我覺得朝聖之路是一趟心靈之旅，**並不是非得扮演苦行僧才算是朝聖者**，重要的是心態。

我們走的葡萄牙之路上每隔幾公里就有村莊，隨時可以補充水、食物、上廁所，雖然夏季天氣炎熱，但好處是不需要攜帶太多禦寒衣物，步行起來輕鬆很多，對於新手是很好的入門選擇。

即使如此，起起伏伏的山路，也把我們折騰得氣喘吁吁，不得不承認體力大不如前。山上視野極好，晴空萬里，秀麗的景色一覽無遺，山谷中幾處紅瓦白牆聚落，點綴著大地顯得更加翠綠。但是翻山越嶺，讓我明顯感受到雙腿肌肉，就像是拉滿弓弦一樣緊繃，為了避免造成腳趾水泡的疼痛，我一邊修正行走的姿勢，一邊調整呼吸，還學會用登山杖，一步一步地將自己推上山。朝聖者的象徵，除了貝殼，最重要的就是登山杖，如果前者是心靈的寄託，後者則是步履的依仗，我心想，人生除了祈求上天的憐憫，誰會是我的依靠呢？

俗話說，靠山山倒，靠人人跑。就算有貴人提供一塊跳板，還是得靠自己的能力跳過去！所以，凡事不能都依賴別人。雖然，有些時候累了，會想要找一個可以依靠的人，但每個人有自己的包袱，有自己要走的道路，別人可以扶持你一段，不能背負你一生。我們只能在歷練中讓自己變得強壯，縱使只靠自己，無法爬上最高的山，但至少知道自己可以走到哪裡，無論貧窮還是富貴，起碼能坦然活出自己真實的樣子，不必仰人鼻息。我現在相信，**一個可以信賴的人，比一個可以依賴的人，更為重要。**

陽光和煦，小花貓翻著圓滾的肚皮睡得正酣，村莊裡的老人也坐在廊下乘涼，見我們路過，滿臉皺紋的老人抬起眼皮，渾濁的眼珠、茫然的視線越過我們的身影落在遠方，就像是輕飄飄地浮游在前塵往事一般。忽然之間，歌聲響起，拉回了老人的靈魂，原來是一群中學生，不知道是不是學校的活動，每個人背著一只半人高的背包及一大捆睡墊，卻依然腳步輕盈，他們在陡坡上嬉鬧奔跑著，臉上的笑容比陽光還要燦爛，活力十足得像一隻隻跳躍的羚羊。

我不禁感嘆，我們總是把最美好的歲月，困在升學壓力、困在社會體制裡，等到可以鬆綁時，卻發現日落西山、青春不再，曾經有的夢想，成為幻想，再也沒有勇氣去實現了。我跟 Andy 說，如果這趟旅程沒有斷然成行，那我們未來可能和坐在廊下的老人一樣，只能羨慕著年輕真好！

這群中學生一溜煙就翻越了山頭，我們腳程雖然不及他們，也終於在日正當中前，登上了制高點，原以為前面就會是康莊大道，沒想到迎面而來的是一路五十度的陡下坡，路邊牆上畫著一個充滿童趣的卡通朝聖者，及一路斜下的圖案，提醒大家要小心行走，為了不讓膝蓋承受太大的負擔，Andy 採取倒退嚕的方式，我則扮演他的照後鏡，指揮著他慢步下山。一路上我怕壓迫到右腳的水泡，大都將重心放到左腳，代償的結果就是，左腳也起水泡了！

花了快六個小時，終於抵達雷東德拉，可是旅宿卻大門深鎖，我們索性脫下鞋子，光著雙腳坐在門口等候，二〇二一年雖然是聖年（Holy Year），但因為許多人尚在觀望疫情，朝聖者並沒有特別多，想必老闆是摸魚去了。每年的七月二十五日是聖雅各之日，如果這一天適逢週日則被訂為聖年，相傳在這神聖的年度裡朝聖，世人的罪孽會得到神的寬恕，因此，聖年的朝聖人數會爆增。我們只不過是恰巧恭逢其時，其實二〇二一年按原則才是聖年，但因為疫情的關係，教宗破例延長了一年，鼓勵大家走上朝聖之路，重拾宗教信仰。

旅宿老闆是位愛好東方文化的西班牙歐吉桑，他穿著花襯衫，一頭黑色的捲髮，趿著一雙夾腳拖鞋，我注意到他戴著一個刻有太極圖騰的綴飾，我好奇問他知道太極象徵什麼嗎？他開玩笑似地回答：「和諧。」就像他重視工作，也重視玩樂。我心想難怪你會翹班，不禁莞爾地向他解釋，太極是東方古老的智慧哲學，象徵宇宙循環，簡單地說，有黑有白、有天有地，萬物平衡，互為消長。

他秀出手機裡一張佛陀照片，告訴我他信仰佛教，我大為驚訝，這一位佛教徒竟然在天主教的朝聖之路上，經營著旅宿。我想，無論是天主教徒或佛教徒，抑或是無神論，每個人都可以用更開放包容的態度面對世界，這也是值得學習的功課。

28 走路是多麼幸福的事

西班牙，波里尼奧↓雷東德拉

Andy

朝聖之路第二天，我們預計要從波里尼奧走到雷東德拉小鎮，朝聖之路的官方APP所標示的里程數估計要走十八公里。但根據第一天的經驗，若計入繞路去用餐、或是庇護所不在官方路線上，實際大概都要再多走個一兩公里，所以我們依舊是天一亮，七點不到就出門了。

剛走出波里尼奧小鎮沒多久，就遇到一對東方面孔的年輕人，他們走過我們身邊的時候主動和我們打招呼，相互詢問之後才發現，彼此分別來自海峽兩岸，於是就一起走了一段。

我原以為他們兩人是情侶，趁著假期一起到西班牙走朝聖之路，但女生很婉轉地說目前只是同事。我以自己年紀幾乎都可以當她父親的經驗告訴她，趁著年輕又是在國外工作，最容易覺得孤單，也許正是時候把握機會，說著說著她就笑了。之後，我們腳程跟不上年輕人，也忘了留下彼此的連絡方式，但我深深祝福他們能夠有機會走到一起，也不枉我在朝聖之路上一番辛苦的口舌，更希望有緣能再見到他們。

我們第二天非常紀律地控制速度和時間，所以一開始的狀態都不錯，但是第二天這段路程的地形變化很大，連續有六七段的陡上路段，使得我們走起來速度受到影響；但是到了下坡路段又因為砂礫地形容易滑腳，必須用膝蓋和腳尖弓起來止滑，造成腳趾和鞋子間的摩擦與壓力，最後左右兩腳的腳趾都受傷了。但是走在前不著村、後不著店的林間小徑和公路上，也沒辦法放棄或找到任何交通工具，只好稍微放慢速度，咬著牙堅持下去。

當我們走到雷東德拉鎮外的山麓上，看到左側的海灣，我知道目的地就在眼前了，忍著痛繼續向前走，還繞了個彎先去吃一頓豐盛的海鮮大餐。結果，當我們到達今天的庇護所時，卻因為老闆出去吃飯而無法入住，直到下午快四點，老闆才帶著些許酒意回來開門，就連另外一對和我們一樣在門外傻等的西班牙人夫婦也搖頭。沒辦法，新冠疫情稍緩後的這個夏季是歐洲旅遊的大旺季，尤其今年是天主教的聖年，稍微大一點的小鎮的住宿都是一房難求，這趟旅程中的許多品質和環境，可能都是我們過去從未有過的體驗，因此，對於老闆的服務態度也只能一笑置之了。

這一夜是朝聖之路的第三晚，雖然房間沒有冷氣，我們很幸運仍有自己的房間，兩隻腳可擦可抹的都用上了，房間裡也就充滿了萬金油、撒隆巴斯的清涼香氣。望著窗外近十點還沒全黑的天空，一下子我便沉睡入夢。

當我們只能依靠自己的雙腳前行，你就能有所體會，能夠輕鬆自在地走路是多麼幸福的事，當我們習慣了現代文明的方便，同時也會導致身體機能的退化，即便是最基本的步行。人生也是如此，當我們學習了太多方法和工具，常常會忘記了最基本的人性，尤其是對人的尊重和互信，因此，能找回自己本性和初心的人，最為幸福。

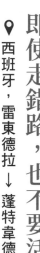

29 即使走錯路，也不要活在謊言中

西班牙，雷東德拉↓蓬特韋德拉

Jessica

黃色箭頭，是朝聖者心目中最重要的符號！因為只要看到黃色箭頭，就知道路線無誤。無論是在路口、牆角、地面、電線桿或沿途石柱上，黃色箭頭都在為朝聖者指引著方向。據說是一位神父怕大家在荒野中迷路，便發願以黃箭頭一路畫到聖地牙哥－德孔波斯特拉。上路以來，完全沒有方向感的我，也能安心地循著指標前進。

多麼希望人生岔路口，也有一個黃色箭頭，指引我該何去何從。我相信，每個人從小到大，一定會遇到許多徬徨迷惘、不知所措的時刻，深怕自己選錯路，做錯決定。追根究底，就是我們計較得失，害怕選錯。然而，人生無法預測，**有些事必須做了才知道，有些事錯了才知道，有些事失去了才知道**。犯錯並不可怕，可怕的是欺騙。欺騙別人，也欺騙自己，這就像走上一條不歸路，永遠沒有回頭的機會。可惜，人生太短，卻總是明白得太晚，造成許多無法彌補的遺憾。我告訴自己，離開朝聖之路後，我必須習慣人生沒有黃箭頭，在那個時候，**即使走錯路，也不要活在謊言中**。

第三天的路線，我們要從雷東德拉走到蓬特韋德拉（Pontevedra）。經過兩天的步行，即使穿了厚羊毛襪和登山鞋，我的左右兩腳仍舊起了水泡，而且前腳掌也開始紅腫，我只好把水泡刺破，據說這樣好得快，我不確定有沒有醫學根據，但至少水泡消了，走路沒那麼痛。一早出發前，我用透氣膠帶將每根腳趾及腳掌纏了一圈，看到雙腳包紮得像木乃伊一樣，自己也覺得好笑，難怪有朋友不解地問我，為什麼不好好享受輕鬆的旅行，而要自找罪受？我想生活磨難那麼多，學會隨遇而安，苦中作樂，也是一門功課。

▲ 希望人生岔路口也有一個黃色箭頭。

如同人生一樣，永遠都有新的挑戰，這天的行程大都是穿梭在森林之間，行走在綠意盎然的小徑中甚是愜意，唯有在翻越小鎮時，有一大段原始石岩的上坡路，細砂礫降低了地面摩擦力，我一直提醒 Andy 踩穩腳步，避免滑倒。

我們常看到扭傷腳的人，幸好路上的朝聖者或當地的居民，都會不吝給予協助。一位身材圓滾的美國婦人，獨自扶著牆壁氣喘吁吁，就有人馬上過去關懷。我們也曾在公路上，遇到熱心的駕駛，特別停下車要我們注意安全。這天，森林裡有人擺了一張小木桌，克難販賣著飲料零食，供大家補充體力，我見桌上有瑪芬蛋糕，便拿了兩個要結帳，結果老闆揮手表示，蛋糕不收費，可以任意取用，我心懷感動，不好意思又向老闆買了兩杯咖啡。

褪去了都市的冷漠，在這偏僻的朝聖之路上，反而可以看到人們善良的一面。如果有人對人性感到黑暗，或許走上這條路，可以重新看到一些光亮。

途中，我們路過蓬特桑帕約（Ponte Sampaio），村莊對外的聯絡道路，是一座橫跨湖面的古老拱洞石橋，有種古典空靈的美，倚著山坡而建的百餘戶人家，倒映在綠波蕩漾的湖心，如真似幻，一下子就迷住了我的雙眼，湖邊停泊著幾艘白色的船艇，安詳寧靜彷彿與世無爭，一幅歲月靜好莫過如此。我開玩笑地跟 Andy 說，我們別走了，就在這裡長住吧！口裡這麼說，腳步卻沒停歇。因為，我心裡知道，我只是匆匆

過客，這裡不屬於我。

年紀越大，越要學會優雅地放下那些不屬於自己的東西。**人生的痛苦，大都是執著已經失去的，垂涎得不到的，或追求不屬於自己的**，其實，已失去的，就不該留戀，得不到，就沒有緣分，捉不住，就應該放開。再美好，驚鴻一瞥就該認分地往前走，逗留，只會錯過更多。

快到正午，天色卻反常得像夕陽下山前的暈黃，並不是因為太陽公公手下留情，而是我們隔壁的山頭，燃起了一場無名森林野火，山頂上不斷竄起陣陣濃煙，彌漫到幾公里外，吊掛著水袋的直升機，在我們頭上緊急地來來回回，空中飄下雪花般的灰燼，陽光穿不透濃煙厚霾，大地變色，雖然我們置身另一座山，沒有危險，卻也不免心驚，只想趕快下山。

但經過幾天步行，Andy 的腳趾已經瘀青疼痛，速度越走越慢，我心裡著急，又頻頻回頭確認他的狀況，反而打亂了自己步行的節奏，雙腿變得沉重疲累。但家人就是一體同心，有時互相扶持，有時互相牽就，有時互相包容，當別人都在注意你飛得有多高時，家人關心的是你飛得累不累。走了二十二公里，終於抵達蓬特韋德拉。Andy 自嘲自己是黃金右腳，我笑他少講一個字，應該是黃金右拐腳！一拐一拐的！

與世無爭的蓬特桑帕約。▶

人生最怕遇到突發狀況，做再多準備也沒有用，朝聖之路也是一樣，所以在時間上保留一點彈性，心態上不要有預設立場，反而能夠沒有壓力地隨順變化。像有的朝聖者會在出發前，就事先預訂好所有的住宿，我則習慣前一天才訂房，這樣就不會勉強自己每天一定要抵達設定的地點，心情上是走到哪裡算哪裡，萬一體力不支，休息幾天再走也無所謂。**路永遠都在，只要有心，總有一天會到達目的地。**

這一晚，我訂不到旅店，又不想去住教會或政府經營的公立庇護所（albergue），雖然收費低廉，但有些比較老舊，常聽聞有人被床蟲叮咬，奇癢無比。我不想冒風險，所以選擇了一家評價不錯，由飯店經營的私人庇護所，十人的上下鋪，環境清潔，公共空間寬敞，拉起布簾也有自己的私密空間，最開心的是有廚房可以煮泡麵，還可以和來自不同國家的朝聖者交流。其實，預算經費多寡，並不是阻礙上路的理由，每個人都可以找到適合自己的方式，這是我人生第一次住宿舍，反而豐富了生活經驗。

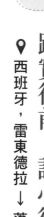

30 踏實往前，誠心待人

西班牙，雷東德拉→蓬特韋德拉

Andy

早晨如果不是手機鬧鐘鈴聲響起，我們應該會持續沉睡到午後，因為連續兩天的長途跋涉，我們的身體狀況已經不斷提醒：「你已不再年輕了！」摸黑去共用浴廁盥洗，才從鏡子裡發現自己晒黑了！而住在同一個庇護所裡的兩位西班牙女生，已經準備就緒即將出發，看來她們應該在六點以前就已經起床，模樣一派輕鬆且精神奕奕，真是羨慕她們的體力和毅力。

前一晚再次查看官方APP的地形資訊，本以為今天的路況可能會好一點，但是沒想到才剛剛走出小鎮，就切入一條森林步道，接下來就是連續幾公里的長陡坡。途中，我們遇到一位來自美國的女士，一個人來走朝聖之路，她跟沿途所有的朝聖者打招呼並順便聊兩句，遇到可以用英文溝通的，她就會親切地多聊一點，而且走在陡坡路段時也沒有停頓或減緩速度。相較之下，我們已經氣喘吁吁，根本沒力氣可以和她搭話，Jessica看著她超過我們往前走的身影，默默地說：「她年紀應該比我們大，可是她一定會比我們早走到鎮上。」說完後，我們倆相視無語，只能加快腳步往前走。

之後的路程，陡升陡降的坡道不斷，步道有砂礫地、柏油路、石磚路和原始的巨石林道，走起來很難保持固定的步伐和節奏，也因為這樣，Jessica的腳趾起了兩個水泡，我則是兩腳各有一個腳趾瘀血。所以，越接近目標我們的速度反而越來越慢，還好我們的心態是健康的，不求快、也不怕不好意思，雖然比我們晚出門的朝聖者陸續超過我們，但是累了、痛了，我們就找地方坐下休息一下。即使每回休息完，再次起身出發就是一陣痛苦，但是咬著牙撐過去，走著走著就跟上前行者了。

一路下來，我們經過了氣溫怡人的茂密森林，也跨越了百年古橋和橋下的青綠河水，更驚險的是途經西班牙北部森林野火的災區附近，親眼目睹野火肆虐的煙霧足以遮天蔽日的特殊景觀。雖然全身痠痛且舉步維艱，但若不是甘願一步步走上這一條朝聖之路，我們大概也不會有這些難忘的經歷，所以無論如何，我們走過了。

走在這一條路上，真的感受到「在行腳路上的人最真誠」，因為彼此的交集都只是短暫的片刻，更重要的是大家都知道，即使在前方有緣會再見，都必須靠自己的力量向前走，才能再相遇。人生似乎也是如此，**做人處事如行腳旅行，要踏實往前且誠心待人**，因為你若有惡心，即使走得再快，也會在終點被遇到的。

31 珍惜陪在身邊看風景的人

西班牙，蓬特韋德拉 ↓ 卡爾達斯德雷斯

Jessica

清晨蓬特韋德拉的霧氣濃到化不開，難得下起了短暫的毛毛細雨，天色微亮，庇護所裡的朝聖者輕手輕腳地整理著裝備，深怕吵醒了還在休息的人。大家依自己的習慣，有的人早出發，有的人晚上路，有的結伴同行，有的獨行。

我們很幸運，雖然庇護所不如旅舍自在舒適，但同住的人都能互相尊重。昨晚，我要煮晚餐時，一位歐吉桑清出了一個爐面供我使用，在浴室洗衣服時，一位年輕女生好意告訴我，轉角有自助洗衣機。出門在外，同行或同住的人真的很重要，有些人能為旅途增添美好的回憶，有些人則會讓我們慶幸還好只是偶遇。

在小鎮吃早餐時，我們碰巧又遇到前兩天認識的一對年輕男女，他們在瑞典工作多年，也是第一次走上朝聖之路，女生將盤中未食完的三明治分給男生，我猜兩人正處在「朋友以上，戀人未滿」的情況。Andy 積極地想要扮演月下老人，把兩人湊成對，男生聽了笑得靦腆，女生則連忙解釋彼此只是朋友。我不確定這趟旅程之後，兩個人會不會有緣在一起，但是我想長途旅行，的確是測試彼此能不能共同生活的好方法。

在陌生的環境中，每次的決定和行動，都將赤裸裸地反應出人的真實性格，優點、缺點、習性或癖好，都將無所遁形。尤其，自助旅行是認識一個人的世界觀、價值觀、人生觀，最快速的方法。能不能合拍，馬上見分曉。有人說，想要和朋友絕交，就一起去旅行。我覺得這並不是笑話。

即使是人生伴侶，也不一定能夠成為最佳旅伴。有朋友告訴我，他每次和太太一起出國，必定會吵架。問我和 Andy 如何朝夕相處這麼長的時間，而不起衝突？我只能說，共識、理解及包容很重要。

像 Andy 非常怕熱，一熱就容易煩躁，可是這次還在酷夏出遊，我們就事先說好，不要因為這樣鬧情緒。他比較忙，所以舉凡行程、景點、住宿、交通，這些細節都是由我負責規劃，他很清楚沒出力的人，就不要出嘴嫌東嫌西，這點他配合程度很高。而我是完全沒有方向感的人，Andy 則號稱人肉導航，所以我只要把地圖交給他，就可以放心跟著走，偶有幾次地圖失靈的時候，我們錯過了一些地方、繞了一些遠路，我也不會抱怨。遇到困難時，比如像搭錯車、找不到車站，就趕快想辦法解決，不需要浪費時間埋怨彼此。

我們的生活觀、價值觀也相近，喜歡簡單的生活，覺得當省則省、當花則花，這次旅行兩個月，我們只帶了一個二十八吋和二十四吋行李箱，除了必備的防疫用品、藥物及家鄉食品，其他一切從簡。我們都不愛購物，寧可把時間金錢花在體驗當地文化或食物，即使有些不如預期，仍舊樂在其中。我們可以在吵雜的傳統市場，站著吃漢堡，也可以專程到酒莊，品嘗產區葡萄酒，比起星級飯店的吃住方便，我們更喜歡住民宿自己動手。

但是，我們也有非常不同的地方，像我對歐洲的教堂有種說不出的迷戀，不管大大小小的教堂，我都可以在裡面靜靜坐上半天，對我而言，這是和自己心靈對話的最佳時刻，可是 Andy 是虔誠的佛教徒，教堂對他而言，只是一個景點，看過即可。或者，我會願意多走一點路，多看一些地方，而他不喜歡把自己搞得太累，所以這種時候，我就會安排他在咖啡廳休息，我們各取所需，誰也不必勉強誰，誰也不必黏著誰。而我很耐餓，Andy 卻容易因為血糖太低而發脾氣，所以，我習慣隨身攜帶一點零食，以備不時之需。

即便價值觀接近，我們也有意見分歧的時候。前一晚，我看他腳趾瘀青發黑，便提議終止步行，雖然徒步完成朝聖之旅是我的夢想，但家人的平安健康，絕對排名第一，沒有任何事情可以凌駕。Andy 卻認為機會難得，堅持繼續走下去。我們心裡都知道，彼此是為了對方著想，卻依然僵持不下，我覺得他逞強，他認為我太過堅持。

婚姻中像這種從善意出發，最後卻惡言相向的故事，不勝枚舉。在快要按捺不住時，我決定閉嘴，以免鬧得不可收拾。我要求他如果要繼續走，就去鎮上買涼鞋，我到處向人詢問哪裡有鞋店，Andy 認為很晚了，大部分商店即將打烊，這是在浪費時間，他脾氣上來，臉色難看。可是，就在最後一刻，上天成全我們，居然在一家五金行華人老闆的協助下，找到一家鞋店，趕在店家休息前，買到一雙合腳的涼鞋。回程我們都如釋重負，Andy 終於有了笑容。其實，**旅途中最值得珍惜的，並不是美景，而是陪在身邊看風景的人！**

第四天我們從蓬特韋德拉走到卡爾達斯德雷斯（Caldas de Reis）。Andy 穿著涼鞋、捲起褲腳，就像是中世紀的朝聖者，他不用忍受疼痛，腳步變得輕快，心情也變好。這一路大多是地勢平緩的田園景觀，走在葡萄棚架底下，頭上就是結實累累的綠色葡萄串，顆顆珠圓玉潤，令我忍不住，實在想嘗嘗是什麼滋味。心情雖然輕鬆，但走起來卻不輕鬆，因為沿途幾乎都是砂礫地。

這幾天步行的經驗，我最喜歡的是乾草地，像是走在地毯般，疼痛的雙腳能夠充分獲得緩衝；再來是水泥路，雖然堅硬，但是步伐扎實穩定，腳步聲加上登山杖敲擊在路面，叩叩的聲音，走起來非常有精神；而最吃力的就是砂礫地，常常有走一步、退半步的感覺，尤其在下坡時，為避免滑倒，只好用之字型的前進方法，反而更加費力。結果一天下來，到了民宿時，我們雙腿舉白旗，直接投降！

▲背包、拐杖、扇貝是朝聖者的標準裝備。

32

休息並不是罪惡

西班牙，卡爾達斯德雷斯→蓬特塞蘇雷斯

Jessica

一早起床，Andy 發現他的腳踝腫脹，我猜是昨天一整路的砂礫地，造成韌帶拉傷。前兩日他連腳趾瘀青都堅持要繼續走，今天，他卻幽幽地說想要休息，想必是非常疼痛，我們隨身攜帶的酸痛軟膏效力已經不夠。我想起之前在朝聖之路的社團中，曾經看到有網友也是同樣的狀況，連忙到社團中詢問請求協助。

拜社群媒體普及之賜，臉書上有許多熱心人士，無私分享自己走在朝聖之路上的種種經驗，這趟行程因為我們事前規劃匆促，而朝聖之路並不是熱門旅遊景點，所以，這些前輩提供的資訊，對我們有莫大的幫助。雖然，葡萄牙之路算是入門路線，但實際走了幾天，也發現和自己原本想像的有些差距。我們從瓦倫薩出發，沿線已經算是人煙比較多的地方，然而，也不是路過的每個村莊都有提供餐飲或住宿，所以，無法像在城市旅行那麼隨意，尤其是選擇落腳過夜的地方，將影響每天行走的距離，像我們腳程慢、體力不好，又不想住公立庇護所，就需要事先查詢確認體力可達的住宿地點。

網路力量大。很快便有人熱心地推薦消炎止痛藥物，也有人非常貼心地直接分享照片，解決了我們的燃眉之急。以前說，出外靠朋友，現在應該改為，出外靠網友。我們退了房，慢慢步行去藥局，所幸卡爾達斯德雷斯是個小而美的溫泉小鎮，各類商店齊全，我們很順利買到藥品，也讓疲累的雙腳休息一下。

我發現，現在的社會有排斥休息的現象。許多人就像 Andy 一樣，要把自己累到身體出問題了，才敢休息。我曾經遇過一位主管，理直氣壯地對部屬說，業績沒做到，怎麼可以休假。結果，休息變得不像休息，我們心懷愧疚，就算身體沒有勞動，心力也一樣不停耗損著。

是不是我們錯把「休息」誤解為「結束」？好像機械手錶，一旦沒有上發條，就會停止運轉。所以，我們害怕休息，也不敢休息，擔心工作或生活，因此停擺。大家常說「休息，是為了走更長遠的路」，這句話會不會是我們為了消除罪惡感的藉口？好像這樣才有正當理由休息。我認為休息真正目的，一**則是要避免走錯路**，一**則是要體驗人生**。多少人埋頭苦幹後，才發現方向或方法不對，又多少人葬送青春後，才發現錯失許多夢想和機會。雖然，工作是為了生活，但是，生活並不是為了工作。我們可以暫時停下腳步，想清楚前方的路到底要怎麼走，或許會發現有更多不同的選擇。

這幾天，我們沿途經過許多大大小小的村鎮，因為體力不足，無法分散火力去參觀，我有些遺憾。沒想到因為Andy腳踝受傷，我們趁機逛了一下這個迷你的溫泉小鎮，這裡和台灣的北投、礁溪完全不同，街頭上完全感受不到有任何溫泉區的氛圍，如果不是事先查了資料，完全不會察覺。

我們循著地圖來到泉源，發現是一座比浴缸還小的水池，兩股湧泉從獅子雕像的口中潺潺流出，水溫略高、有點燙手。在旁一位歐吉桑看見我們是朝聖者，特別熱心地介紹這股泉水可以飲用，而且對皮膚和喉嚨深具奇效，他還對著我，摸著自己的臉頰示意，又積極示範喝了幾口，歐吉桑帶著殷切的眼神，熱情地鼓勵我嘗一嘗。

我看著上頭寫的標示，泉源已經一百五十年了，水質雖然清澈，但喝下去不知道會不會水土不服啊？看著歐吉桑粗糙的皮膚、沙啞的嗓音，心裡實在有些猶豫，但是轉念一想，不體驗一下怎麼知道？最終，還是大膽地試飲一口，然後發現！其實，泉水就像是熱的礦泉水，並沒有什麼特殊味道。

生活就是這樣，**只有親身體驗過，才能留下記憶**，否則都只是別人的故事。人生的價值，並不是努力不休地奔向目的地，而是細細品嘗一路上的風景，用心體會各種可能，用開放的態度去經歷、去感受，不管結果如何，總是親身的閱歷，即使不盡人意，至少增加了生命的厚度。

比起有神奇功效的泉源，我對街角處一處較大的泉池更有興趣。這是一處類似台灣溫泉區常見的泡腳池，可是池邊的座位非常傾斜，必須用手支撐，才不至於滑落水池，雖然不及台灣的舒適，但不同情境有不同的體驗。據說，過去這可能是個洗衣池，斜面的設計方便搓洗衣物。我禮貌性地問了一旁的當地人可否泡腳，他爽快回答當然可以，還指著旁邊兩個剛爬上來，全身溼漉漉的小朋友，笑著說如果我們願意，也可以全身泡下去。

我和 Andy 猴急地卸下背包、脫去鞋襪，趕忙將疲累的雙腳浸泡在溫泉中，微熱的水溫慢慢地滲透到肌肉裡，緊繃的小腿漸漸獲得舒緩，也不知道是止痛藥效發作，還是泡了溫泉的緣故，Andy 覺得腳踝疼痛好了許多。

朝聖之旅的第五天，我們因為 Andy 腳傷，反而在卡爾達斯德雷斯這個小鎮，獲得了難得的體驗，午後，也很幸運找到了一輛計程車，載我們到蓬特塞蘇雷斯（Pontecesures）。

截至晚上，那一口歷史悠久的泉水，雖然沒有神奇地讓我的皮膚變美，但也沒有引起任何不適，我暗自慶幸著。

33

錯過，不一定是遺憾

西班牙，卡爾達斯德雷斯→蓬特塞蘇雷斯

Andy

清晨五點鐘，被放在床頭的手機吵醒，因為螢幕閃出訊息提示的亮光，在黑暗中顯得特別的亮。我試試移動身軀和動一動右腳踝，感覺背和肩脛的痠痛已大幅減輕，但是腳踝的疼痛似乎和昨晚睡前的感覺差不多，心中暗暗覺得不妙，仍然賴在床上直到六點。當雙腳觸地要站起來時，右腳踝果然給了我一記沉重的打擊，因為一陣痠痛的感覺，讓我本能地只敢將重心放在左邊，只好一跛一跛地去了浴室洗漱，我才更明確地感覺到即使站立，都會覺得有強烈的痠痛感。正在猶豫該不該繼續今天的行程時，Jessica 也醒了，我跟她提出我們是否休息一天，以免腳傷惡化影響到之後的旅程。

於是我們決定暫時休息一天，但仍然必須解決問題，所以我們各自在網路上不同的社群和討論區中，向曾經走過朝聖之路的網友們請教，類似的問題可以如何處理？

非常幸運的是有許多相關社團的網友們，熱心地提供了資訊和建議。因此我們決定先走回卡爾達斯德雷斯，在這個溫泉小鎮的市區購買藥品，雖然我們不具備西班牙語的溝通能力，但是透過網友分享的照片和簡單的英文，我們順利買到了治療的藥品。

多出的一天空閒時間，我們坐在小鎮的露天咖啡座喝咖啡，同時也在旁邊的臨時市集，買到了現炸的西班牙油條——吉拿棒（Churros），Jessica 吃了以後驚為天人，直呼是她吃過最好吃的吉拿棒，吃完一袋又再去買了第二袋，最後她一口氣吃了七根，我真的是從未見過她這樣的好胃口。

早餐後，我們走回溫泉小鎮的市中心教堂附近，我們知道大多數的特色餐廳或景點，都會環繞在教堂的周邊，果然，我們很快就找到了小鎮的溫泉源泉池。剛好有一位西班牙大叔帶著家人在用溫泉洗手，見到我們一身朝聖者的裝備和風塵僕僕的樣子，當場非常熱心地為我們介紹溫泉，並示範喝溫泉可以保護喉嚨、用溫泉洗臉可以讓皮膚光滑……於是我們也試喝了一口。之後再往巷子裡走，終於找到網友所說的公共溫泉池，我們脫了鞋襪泡腳，泡到兩腳覺得發熱才停下來，再擦一次早上買的藥，果然下午腳痛的症狀就大幅改善了。

今天是父親節，看到通訊軟體中傳來女兒、兒子的訊息：「父親節快樂！」心中還是有一絲絲的安慰，在臉書上看到台灣的朋友們享用著父親節大餐，對已經離家近五十天的我們而言，其實是很殘忍的事情，我已經在想著半個月後回家時，應該要先吃些什麼了。

Jessica說要代替兒女幫我安排一頓父親節午餐，我考慮到不要走太遠，所以選了一間離民宿步行五分鐘的餐廳，也只點了牛舌、炸沙丁魚兩個簡單的菜和一杯檸檬啤酒，但是小店的食物意外地好吃，這樣的父親節過得很特別，也很開心。由衷感激上天的每一個安排，即使腳痛使行程受挫，卻因此收獲更多的美景，並得到沒在計畫中的新視野。

凡事不必強求，再強、再勇也拗不過老天的安排，停一下、錯過一些，或許並不一定是遺憾。人生也是如此，強摘的果子不甜、強求的情愛不真，不過度執著，但可以堅持向目標前進，快一點或是慢一些，不是那麼重要，少一段風光或許就能遇見其他好事！

34 讓自己變得更好，是一種選擇

西班牙，蓬特塞蘇雷斯 ↓ 拉達弗蘭科斯

Jessica

清晨，我們又回到朝聖路上！金色的太陽，從我們右邊的山頭緩緩升起，影子落在我們的左方，這是正確的方向，因為第六天的行程，我們要從蓬特塞蘇雷斯朝北走向拉達弗蘭科斯（Rua de Francos）。大部分的朝聖者在最後這段路，會提早出門，加足馬力，直奔二十九公里遠的聖地牙哥－德孔波斯特拉，而我們例外。由於 Andy 腳傷，只能緩步前進，反而錯開了人群，遇到的朝聖者不如前幾天多。

路上越是冷清，內心反而熱鬧，心中無數小劇場輪番上演。**我想每個走在朝聖之路的人，心中都裝著一個故事**。有人戲稱這是一趟贖罪之旅，因為最後的證書可以抵消罪過，我猜這只是激勵動身的行銷說詞，並非真正原因。

這條路雖然起源於宗教，但現在來朝聖的大部分人，並非因為宗教因素。走在這裡的人，有些是為了擺脫現有的困境，有些是為了放下過去的陰影，有些是為了尋求

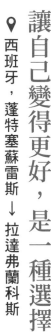

生活的答案，有些是想要獲得心靈療癒，更多的只是單純當作健行，享受鄉村自然美景，而最後那張朝聖證書，是為了留作紀念，並不是真的當作一張贖罪券。

這天我們在半路上遇到一位像是媽媽的婦人，挽起一頭紅髮，梳著小包頭，戴著平頂草帽，拄著一根路邊撿的樹枝，帶著兩位小女生走在我們前面。兩個小女生，大的那位一頭金髮，大概是十多歲的青少年，背著一個天藍色的背包，拉鍊上扣著一隻毛絨絨的小灰熊，一邊走一邊低頭滑著手機；小的那位還是兒童，黑色捲曲的短髮，把一件藍色蘇格蘭紋的襯衫當作洋裝穿，拉著婦人的手，搖頭晃腦地拖著步伐。這三位看似母女，又不像母女的，她們帶著什麼樣的故事上路呢？

還有一家四口，爸爸推著娃娃車，車上掛滿了小朋友的禦寒衣物，把手上還插著一隻盛開的藍色繡球花，媽媽則牽著綁了兩條長辮子的女兒，邊走邊唱著歌，全家穿著訂做的綠色條紋家庭裝。年輕爸爸就像舉重選手一樣，遇到階梯時，一手抱著小寶寶，一手抬起推車，他們在路邊餵小朋友喝著牛奶，女兒就坐在長椅上，搖晃著雙腿。不知道他們又是為了什麼走在這裡呢？

我們又是為了什麼呢？出發前，朋友問我為什麼想要來朝聖之路？我心中的答案一直模模糊糊，直到走了幾天，我終於想清楚。**我們，並不是因為做對了什麼，或是做錯了什麼，我們啟程，是因為我們的選擇，是人生一連串的選擇，將我們引導到這**

裡。走上朝聖之路，對我最大的意義是，想要讓自己變得更好。

當然，一條路不可能具有神奇力量，可以馬上扭轉人生，想要讓自己變得更好，主要靠的是我們的選擇。我們選擇改變自己的心態，選擇不要坐困愁城，選擇豐富自己的人生。朝聖之旅，就是選擇讓自己變得更好的具體行動。不管是誰，不管懷抱什麼理由，每個人在路上，或許獲得新的啟發、或許獲得新的見聞、或許讓自己更加健壯，這都多多少少改變了人生，讓我們變成更好的人。

而且，不只是想法的改變，行為也起了變化。這幾天我觀察到許多的朝聖者，包含我們也一樣，為什麼在都市裡冷漠疏遠，可是在這裡卻樂於助人？我想，是因為**當一個人選擇變得更好時，行為舉止也會選擇以善意對待他人**。我們受人幫助，也幫助別人。從理解彼此的疼痛中，展現出體諒和包容。

令人感動的是，這樣的友善不只來自朝聖者之間，還有當地居民。我們遇過提供飲水的、分享點心的、善心指路的，或是用一句「Buen Camino」來表達支持的。像今天在小鎮吃早餐時，坐在鄰桌的兩位大姐，便熱情地贈送巧克力為我們加油。善意是具有傳播力的，當一個人釋出友善時，就會像是化學連鎖反應，接二連三地蔓延開來，讓這條路上充滿溫暖。

我曾經覺得我離神越來越遠。這幾天我也慢慢找回信念，這裡指的不是宗教信仰，而是相信冥冥當中自有安排，相信一切自有美意。更重要的是，相信自己是受到上天殷殷眷顧的人。

我終於可以給予過去的種種，一個不完美但完滿的詮釋，也可以用更加積極正面的方式去看待人生，那些曾經的自以為是、自不量力、自輕自滿、自怨自艾，都漸漸地放下。

一段艱辛的挑戰、一個輕便的行囊、一切簡單的生活，讓過去那些剪不斷理還亂的事，獲得重新梳理的機會。我知道，我不會因為一趟朝聖之旅，就有天大的改變，但沒有關係，因為，**在我的心中已經種下一顆自覺的種子，能夠覺察自己、也能夠同理別人**。那個更好的自己，正在覺醒中。

午後不久，我們走出森林，抵達了拉達弗蘭科斯，地圖指引我們沿著上坡公路，還要走一大段才能抵達旅宿，我們又累又渴，突然看見路邊山壁石澗有三瓶冰涼的飲料，之前曾經聽說，許多朝聖者會將自己多餘的用品或食物，放在路上供後來者取用。我沒有多想便跟 Andy 說，我們不要貪心，拿一瓶一起喝就好，剩下的留給別人。一口可樂才下肚，只見森林裡走出一個人，笑著說那是他放著沖涼的，我們難為情地馬上掏出錢包來，他卻大方地說：「我請客！」並打開了另一瓶，跟我們一起開心地舉杯暢飲，就在這充滿人情味的路上！

35 走完朝聖之路，放下心中大石

西班牙，拉達弗蘭科斯→聖地牙哥－德孔波斯特拉

Jessica

這是一個值得紀念的日子，掩不住心中雀躍，鬧鐘未響，我們已經早早動身，離開拉達弗蘭科斯。在晨光尚且熹微，霧氣仍然凝滯時，我們已然穿越了森林，來到另一個不知名的小村莊，巷弄中一片寂靜，萬物似乎還在沉睡。或許是叩叩叩的拄杖聲，吵醒了大地，旭日才剛準備從雲層中探出頭來，太陽似乎也知道，今天對我們意義非凡，所以刻意送了一幅祥雲瑞彩來祝福我們，從翻湧的雲海中，射出金光萬道，絢爛奪目。

今天，我們即將抵達朝聖之路的終點聖地牙哥－德孔波斯特拉，我的心裡特別興奮，但也異常的矛盾。我邁開大步，想要快點到達，卻又悵然若失，不想要那麼快到達。每一個步伐都非常可貴，因為越接近目的地，就意味著朝聖之旅即將結束。

七天來，一百二十多公里，對於許多人來說，這並不是特別遙遠的距離，可是，

對於我而言，卻曾經是一段遙不可及的路程，就像是別人的故事一樣，真實卻不屬於自己。它的難，從來就不在於走多遠，或是走多久，**難的是在自己的決心和行動力，難的是在創造自己的故事**。回首來時路，翻過山丘、越過低谷、穿過森林、路過鄉村、走過田園，我和 Andy 一步一腳印地向前邁進，不是因為我們體力過人，而是因為我們相信，唯有依靠自己的雙腳，才能走出美好，我們知道，唯有不輕言放棄，才能成就夢想。

踏上聖地那一刻，我的腳底已經火辣辣地像要著火一般，情緒也有如浪潮般洶湧澎湃，幾度眼淚就要奪眶而出。雖然身體疲累，腳步卻越走越快，忍受著疼痛，我們刻意尋路買了紙筆，坐在路邊畫起國旗。這個時候，我們再累，也想讓大家知道，我們來自台灣！背著手繪的青天白日滿地紅，汗流浹背地爬上陡坡，目的地主教座堂的尖頂，若隱若現地游移在我的眼底，我急切地閃過小巷中的人潮，快速奔向廣場，當看到宏偉的教堂矗立在面前時，我已經無法抑制心靈的悸動，突然一陣鼻酸！

我和 Andy 高舉雙手，大聲歡呼：「我們走到了！」原本只是別人故事裡的一句話，現在，終於可以從自己的口中吶喊出來，「我們走到了！」這句話，將成為我人生中最蕩氣迴腸的一個故事！

廣場上聚集著來自世界各地的朝聖者，有人歡欣鼓舞地圍著圈唱歌，有人就地而坐仰望著教堂，有人撫摸著地上古老的扇貝石刻，感動的心情溢於言表。Andy 忙著拍攝影片，記錄這難得的一刻，我則五味雜陳地難以言語。過去幾天，我一直期待此刻的來臨，可是此刻，我卻開始懷念過去幾天發生的種種。

▲ 朝聖之路的終點聖地牙哥 - 德孔波斯特拉。

原以為經過七天步行，會一夜好眠，沒想到家裡的寶貝狗兒子突然胰臟發炎，讓我坐立難安，甚至想要立刻飛回家。我想，即使萬般放下，父母最難割捨的永遠是孩子。既然睡不著，便提早前往朝聖者接待中心（Oficina de Acogida al Peregrino）中請朝聖證書，比起精美的證書，我手上這本已經磨到折角的朝聖護照更加珍貴，裡面蓋滿的戳印，是我們一步一腳印，沿途走過的痕跡，有些是用餐的地點、有些是住宿的地方、有些是路旁攤販、有些則是村莊裡的教堂，這份紀錄是自己才能頒發給自己的獎狀。

我想，大部分的人都想獲得別人的掌聲，可是我漸漸發現，別人給的獎勵都是短暫的，如果過度在乎外在的肯定，反而可能會曲意逢迎，不敢表達真實的自己，或許也會過度努力，只為追求虛無的認同，又也許會背負不該承擔的責任，吞下莫名的委屈。人生旅程，如果沒有人給你喝采，記得自己給自己掌聲，這並不是孤芳自賞，而是心疼自己。難道不覺得如此努力奮鬥的「我」，值得自己好好獎勵嗎？

我和 Andy 再次走到主教座堂，我們有一件特別的事情要做。昨晚，我們在整理行囊時，發現背包裡有一顆小石頭，那是我們第一天踏上朝聖之路時刻意帶在身上的，這是一種帶有特殊含義的儀式，朝聖路線上，隨處都可以看到有人將石頭堆放在路邊，象徵著從此放下那顆壓在心底、令人輾轉難眠、隱隱作痛的大石。今天我們也將這顆石頭放在教堂外面的角落。其實，我們完全忘了這件事，可能是心裡的糾結早已經在沿途中，一點一滴地放下了。我想，我們愛的人，不會希望我們一輩子背著沉重的十字架，我們怨的人，更不值得一直放在心上。

離開之前，我們先來逛逛這座城市，這裡匯聚了從不同路線抵達的朝聖者，以及從世界各地來參觀的遊客，車水馬龍、人聲鼎沸、商家林立，比我想像中的還要熱鬧，舊城區大都販賣著朝聖紀念品，而外圍的新城區裡則有許多時尚品牌服飾商店，打扮入時的觀光客及背著大背包的朝聖者，混雜其中形成有趣的對比。

▲ 放下心中沉重的石頭。

舊城中心的主教座堂金碧輝煌，在華麗非凡的主祭壇中，敬奉的不是耶穌、也不是聖母，而是聖雅各，據說聖雅各是第一位為耶穌殉道的門徒。我對於堅定信念而犧牲生命的人，一向都是敬佩無比，畢竟，我們大都是趨吉避凶、投機取巧，為了生活而信念搖擺的凡人。身為一個凡人，我們參加了一場為朝聖者舉辦的彌撒，神職人員帶唱著聖歌，神父帶領著禱告，雖然我不是教徒，但也深深地感恩這一路上受到的幫助及旅途平安，更祈禱未來能夠繼續受到神的眷顧。

形式上，我們的朝聖之旅，在此算是抵達目的地，**但是我知道，我真正抵達的是，未來人生那個更美好的自己**。前方的路或許仍然挑戰重重，但是我相信，即使身處幽暗谷底，我也能為自己燃起熠熠亮光。在心中默默感謝自己，帶著自己走完這段朝聖之旅。

36 完成夢想最重要的關鍵

西班牙，拉達弗蘭科斯↓聖地牙哥－德孔波斯特拉

Andy

雖然昨晚想要早點睡，但是就是沒辦法入睡，今天早晨手機鬧鐘響了第一聲，我就從床上竄了起來，快速地進浴室洗漱完成，然後開始動手整理背包裡的東西，不知道是否因為朝聖的路程即將完成，我似乎有點急著想趕快出發。為了不讓我們的計畫有閃失，只好放棄民宿提供的豐盛早餐，在大家仍在睡夢中的時刻，我們已經背上行囊，踏上了最後一段朝聖之路。

才剛出發，就遇到一位西班牙年輕人走在我們的前面，看得出來他的腳有傷痛，因為他的速度不快，且步伐有一點像是用右腳拖著左腳在前進，我們看他並沒有太大問題，所以很快就超過他加速前行。之後有一段時間路上沒有其他朝聖者，因為這一段路陡坡頗多，所以我們也走得很辛苦，但令人意外的是，我們途中休息了一會兒，吃完早餐再繼續出發後，就發現先前遇到的年輕人竟然也趕上來了。

他的步履依舊蹣跚，但看起來他這一路應該不曾停歇，看著他走在我們前面，我們靠近問他腳傷是否無礙？他指了一下左腳腳踝上方一個腫腫的地方，我猜想應該是發炎或扭傷，於是問他是否有需要幫忙？我們有不錯的藥物可以使用。他很客氣地說，他已經擦藥了，婉拒了我們的幫助。但是我們從他的眼神和微笑知道，他已經感受到我們的真誠關心了。這應該就是我們走了七天之後最大的改變吧，勇敢地向陌生人表達自己的關心，也坦然接受別人的幫助和祝福，這才是無私的付出和分享吧。

今天這十幾公里，相較於剛開始的幾天，平均每天二十公里以上且地形變化很大的路線，並不算特別辛苦，但是走起來卻特別的累。似乎是因為不自覺地加快腳步，以及因為即將抵達目的地、心態放鬆所造成的結果，總之，從進入聖地牙哥城區後到大教堂前的這幾公里，我們走得特別吃力，也特別有感觸，好像一個目標即將完成了，卻開始醞釀出一股失落感，不知道下一個目標究竟在哪裡呢？

一瞬間，過去七天的種種艱辛歷程，和每天走完後的痛快及滿足都不斷地浮現，但也似乎正隨著我們的步履而慢慢地淡去。無論如何，我們仍堅定地往前走，因為不管是收穫或失落，我們都必須接受。

◀ 自己的夢想靠自己實現。

回想當初起心動念來走朝聖之路，我們只在網路上搜尋了概略的資訊，沒有做太多功課就大膽行動了，而且我們都不是喜歡運動的中年人，尤其我除了偶爾打打高爾夫，多數時間並沒有固定的運動習慣，所以，我們真的就是憑著一個「憨膽」來挑戰。出發前也曾暗自盤算，就算走不完也沒有關係，有來走過就算有體驗過了！但是當我們真的走完一百多公里的朝聖之路，雖然只是基本入門路線，也已經超越我們對自己的期許了。

站在聖地牙哥大教堂前，高舉雙手歡呼，勇敢展現自己的情緒，和釋放累積的壓力，背包上有我們手繪的國旗和「Taiwan」字樣，我真心佩服自己和 Jessica 能夠突破各種困難走到這裡！

堅持是完成夢想最重要的關鍵，相信自己可以做到、不要怕失敗，旅人走上旅程自會有好人相助。**人生就是如此，你要完成自己的夢想？或是只能看著別人圓夢？取決於你什麼時候開始行動。**

第 4 章

旅行是生活，生活是旅行

▲ 在困境中華麗轉身的里斯本。

37 大自然是最好的療癒

葡萄牙，聖塔倫

Jessica

結束朝聖之旅後，我們搭乘巴士越過西葡國界，再度返回波多的主教座堂，當初我們就是在這裡申請朝聖護照，也可以說，這裡是我們朝聖之路的第一站，回到主教座堂，也算是有始有終。

Andy對於進教堂心裡有些罣礙，他一直覺得以我對教堂的迷戀，可能有一天會改變宗教信仰，其實，信仰對我而言，是相信宇宙中，有比人類更偉大的存在，提醒自己要心懷謙卑與敬畏。而教堂則是體現出人們反省自我、創造自我、超越自我的空間，提醒人做為萬物之靈的意義及價值。對於身為母親的我，最大的信仰是，守護子女走出比自己更加美好的未來。

我默默地站在十字聖像前，感謝一路上恩典滿滿。回想起幾天前心情忐忑不安，經過這段旅程後，現在的我更加明白，**如果人生是一場修行，那麼腳下的路，只能靠**

自己獨自去走，誰都幫不上忙。就像有些事情，你只能自己承擔，有些痛楚，你只能自己消化，很多時候，我們不是輸給別人，而是輸給不夠堅強、又不夠堅持的自己。看別人波瀾壯闊，只是因為他忍得住苦，走得夠遠。想要到達幸福的彼岸，終究得靠自己擺渡。

朝聖之旅後，我們的心靈雖然滿足，但體力透支，需要好好休息，我不想舟車勞頓。然而，正逢歐洲旅遊大爆發，又是八月暑假大旺季，所以，即使已經提高一倍預算，在波多依然遍尋不到合適的住處。最後我們決定搭乘火車一路往南，來到距離波多約兩小時的一個鄉村小鎮聖塔倫（Santarém）。坐落於田野裡的白色民宿，綠草織地，紅花綴牆，還有一條下切到山谷的森林小徑，主人在不遠處野放著十來隻放山雞，夜晚星河滿天，令人忘卻俗世煙塵。

自助旅行，我喜歡住在鄉村民宿，勝過都市飯店，尤其是我相信住在大自然裡，不疾不徐地用當地食材為自己準備三餐，是最好的療癒。所以，我喜歡選擇帶有廚房設備的，這樣我可以提著購物袋，悠閒地散步到市場，慢慢選購一些在地特色食材，親手為自己烹飪一頓餐點。這對我而言，是非常重要的儀式，提醒自己是來體驗生活，而不是來去匆匆追趕行程。

清晨，右腳踝隱隱作痛，本來想賴一下床，可是睡不著，只好起床做早餐。民宿主人送來一盒他們自然放養的有機雞蛋，個頭迷你，只有一般雞蛋的一半大小，可是蛋黃橙紅飽滿，我們用當地村民自製的有機冷榨橄欖油小火微煎，口感濃稠綿密，完全沒有蛋腥味，令我們非常驚豔，忍不住又訂了十二枚。我一邊作菜，一邊看著窗台前的幾棵橄欖樹，幾隻小鳥在茂密的葉叢裡，嘰嘰喳喳輕快地跳躍著，一隻不知哪來的花貓，慵懶地在草地上打滾，空氣中飄散著絲絲庭前迷迭香的氣味，而角落種的龜背芋，心型裂葉映著白牆，形成一幅美麗的剪影，我的感官似乎在慢慢甦醒。

長久生活在都市水泥叢林的我們，早已經切斷與大自然的連結，鈍化的感官，讓我們的內心逐漸變得疏離而荒蕪，彷彿一片寸草不生的大地，連淚水都已經乾涸。大部分的人，別說是生活在大自然裡，有時候連上一次接觸大自然是何時都忘了。其實，每當我靜靜身處在自然環境中時，總是能夠感到安心自在。因為，大自然從來不會帶著區別心對待我們，也不會帶著主觀意識來評判我們，大自然總是順應四季節氣，包容萬事萬物，從來不在乎別人的觀點，即使只是一株小草，也會堅韌地生長，自顧自美麗著。看著庭院中充滿欣欣向榮的生命力，好像喚醒了身體的自癒能力，突然覺得，腳踝好像沒那麼痛了！

我發現庭院角落裡，有一棵三米高的無花果，樹上結滿了青綠色水滴形的果實，許多蜜蜂巴著無花果不放，我好奇地拔了一顆吃，哇！清甜多汁，鬆軟綿密，帶有淡淡水梨的清香，裡面的花蕊非常細緻，不像我們以前吃的那麼粗糙，滋味令人回味無窮。我們摘了一大盤做成果醬，又端出剛剛做好的焦糖布丁，並用庭院中的迷迭香泡茶，邀請民宿主人及她兩位可愛又美麗的女兒一起來享用下午茶。

Celine 是一位非常友善的女士，她一邊教導瑜珈，一邊經營民宿，她也是一位半素食者，只要在家用餐都會選擇素食，她認為人類也是大自然的一員，希望孩子從自

▲ 想把這片藍天帶回家。

然環境中，學習尊重、付出及分享。我們從小孩的教養方式，聊到台灣及葡萄牙的教育體制，我們都同樣擔心填鴨式教育，會壓抑了孩子的天賦，我們聊得非常愉快，生活在地球兩端的我們，卻有很多相同的觀點。看著兩位小孩子，辮子上綁著粉紅色的絲帶，開心地光著腳丫在庭院裡玩耍，和煦的陽光照在她們的臉龐，一幅歲月靜好的景象。

大自然總是無條件地給予，讓我們從雜亂無章又充滿壓力的生活中抽身出來，**當我們真正體會到我們和自然環境的共生關係時，世界才會因為我們的存在而變得更好**。我想到在聖維克托拉科斯特小村莊有一座像書櫃的路邊圖書館，上面貼了一張標示寫著：「圖書館免費提供每個人使用，基於共享和交換，只有一條非常簡單的規則，拿一本書、留一本書，或者兩者兼具。**責任和禮貌是義務，不要總是取用，而沒有付出**。」我覺得這項原則，也適用於我們對待大自然的方式。

38 走得再遠，終究要回到最想念的地方

葡萄牙，聖塔倫

Andy

若問我離開波多之前是不是有什麼遺憾？可能會是沒買到長程船票，從杜羅河面上深度探索這條美麗的河流吧。但旅行就是這樣，沒有辦法事事順心如願，留下一點念想，也就有了再次造訪的理由。

在這個夏季，幾乎整個南歐的每個城市，全部都是旅遊大爆發的狀態，無論是義大利、法國、西班牙或葡萄牙，也不分是大城市、高山地區、小鄉鎮，幾乎只要是在旅遊熱區或避暑勝地，食宿和交通都需要排隊或是客滿。

我們大多是提前一週才敲定下一週的行程，甚至有很多時候都是今天才訂到後天或大後天的住宿，所以 Jessica 在這一趟旅行中真的非常辛苦，而我則全力配合她，充分相信她，也扮演安定彼此心情的角色，告訴她：「不用擔心、不用急，貴一點沒關係，我們一定可以平安順利地完成旅程！」就這樣，即使挑戰和變數不斷，我們仍舊克服了所有困難並走到今天，旅程即將進入倒數階段了。

曾經有朋友私訊詢問我，看到我們在旅途中找到很多美食，但是他們好奇的是：這些小鎮餐廳、市場裡的小店都有英文菜單嗎？都能溝通嗎？要怎麼點菜呢？我們的經驗是，每到一個城市先用網路搜尋是否有網誌推薦的美食，再用谷歌地圖找到評價最佳的餐廳或店家，要留意的是必須有一定的評價和留言數量，參考價值才比較高。

而餐廳多數不會有英文菜單（葡萄牙波多、里斯本例外），所以利用谷歌地圖評論區、評論者上傳的菜色照片點餐是最好的方法，因為評論者會上傳的菜色多數都是招牌菜或特別的菜品。但難免會有一些季節限定的菜色，所以我們偶爾也會對可以用英文溝通的服務生多問一句：「Can you recommend which one is the best?」（你可以推薦哪一道料理是最棒的嗎？）但若是英文不能溝通，就要發揮創意用肢體語言交流，或是事先準備好線上或線下翻譯工具了。不得已的時候我們也會用手機照片翻譯功能，拍照直譯各種語言的菜單，但坦白說，只能判斷出是什麼基本食材和作法，至於上菜之後是否和你的期望相符，也只有碰運氣了。

我們旅行至義大利佛羅倫斯之後，發現了一個比較好的選擇就是去搜尋當地的傳統市場，因為多數早市之後就會供應午餐，賣海鮮的攤鋪會兼營海鮮大排檔，賣肉的也會兼著做牛排專賣店，可以在市場裡面用餐，食材有保障而且選擇多元又好吃。而多數歐洲當地人消費的傳統市場都很乾淨，也有空調，反而是部分以觀光客為主要客群的觀光市場，遊客太多，品質和性價比都不佳。

另外，我們也曾在義大利托斯卡尼、法國普羅旺斯和葡萄牙里斯本郊區，選擇鄉村民宿短期停留，停留在民宿的時間約莫都是五到七天，這些時候我們就會事先採購當地的食材，在民宿裡自己料理三餐。特別是我們從台灣帶來了醬油、沙茶醬、咖哩塊等調味料，也能稍微地滿足想念台灣味道的心情。

無論離家再遠，也不會忘記回家的路，就算嘗遍全世界的美食，仍然想念媽媽的飯菜香。人生無法抗拒和改變的事，就是思鄉和對家的依賴，走得再遠、爬得再高，終究要回到自己最想念的地方。

39 當一個人停止冒險，便真的老了

葡萄牙，聖塔倫

Jessica

旅程慢慢進入尾聲，我們不急著走，每天待在民宿，看花草樹木，看日月星辰，一邊修復著疲累，一邊調適著心情。時間就像影子一樣，真實存在，卻又無法停留，我們站在影子上，看著它日復一日地消長，卻不曾真正看清它的面目。

坐在庭院中，樹林沙沙作響，彷彿唏噓著白髮蒼蒼，飛鳥喋喋不休，又像怨嘆著時光太短。年輕時有體力，卻沒時間；暮年時有時間，卻沒體力，我們總是把夢想推遲，以為機會很多，**可是歲月會冷不防地偷去我們的選擇**，於是，最後只能任憑體力，來決定自己能做的事。這次我們放膽面對長期旅行的困難，或許是時機巧合、或許是一股衝動，但決定說走就走，主要理由還是知道如果繼續等待，唯一會發生的事，就是我們變得更老了！

回首來時路，會讓我遺憾的，往往是一些沒做過的事。對於那些錯過的，就算事

後再做，也不是當初的心境了。就連家人的陪伴，也有最佳賞味期，超過期限後，風味也大不如前。雖然我們不是故意如此，但是我們總是墨守成規，依循著最安全的路線前進，許多人事物就在不經意間，隨著時間一去不復返，待事過境遷也只能徒嘆奈何。

就像插畫家幾米作品中描繪的故事一樣，有人習慣向左走，有人習慣向右走，相同的路線、相同的景物、相同的目的地，一成不變的生活，直到歲月蹉跎、年華不再。現實生活中，許多人也是一樣過著線性的生活，因為習慣、因為害怕，因為要滿足別人的期望，或因為不想冒險，而錯過了許多美好。

我想人生中，沒有人能夠百分百確定自己走在對的路上，也沒有哪一條路永遠是一馬平川，生活本來就存在大大小小的波浪，每個人都要承擔或多或少的風險，只是有人按部就班，想要安穩一生，有人隨心所欲，喜歡闖盪江湖。不同的選擇，就會看到不同的風景，自己的人生只能自己決定，外人無權評斷。只是我認為，凡事不是得到，就是學到。冒險，最大的價值，就是無論結果如何，都能擁有別人沒有的視角和經驗。或許我們不需要冒著生命危險，去挑戰極限，但**謹慎的冒險，可以讓生活變得更加多彩多姿，當一個人完全不想冒險時，那就是真正的老了**。

身處人生地不熟的國度，我也會有些恐懼，但我總會克服膽怯，小心地深入探索。

一早，我獨自漫步去看放養的山雞，半路上有座高架的鐵皮風車，矗立在橄欖樹林裡，靜止的葉片，就像是高掛在藍天的太陽符號一般。公雞精神抖擻地站在段木上，伸長脖子發出明亮的叫聲，雞隻們慢慢跺出圍籬，開始在田野中覓食，天生天養的動物反而不怕人，見我走近，絲毫沒有驚恐的樣子，自顧自地啄食著早餐。回程，看見路邊有幾棵不知道是野生，還是有人種植的洋梨樹和蘋果樹，已經結實累累，地上幾顆已然發酵的落果，飄散著一股果香。

我發現民宿旁，有條滿是落葉枯枝的肩寬小徑，可以通往山谷。我和 Andy 決定來趟森林探險，我隨手撿了一根樹枝，撥開道路兩旁刺人的灌木叢，我們越往下走，林相越是原始，路徑也越來越不明顯，走著走著，眼前忽然出現一大片被剝了皮的樹林，裸露出紅褐色蒼勁挺拔的木心，仔細一看，原來是用來製作軟木塞的栓皮櫟，灰褐色粗糙樹皮有著不規則的縱向溝裂，木栓層摸起來厚實柔軟有韌性。後來才知道，原來葡萄牙是全球最大的軟木塞生產國，日產量可達到四千萬個。

快到谷底時，遠遠就聽見像是一群摩托車發動的聲音，我正在狐疑，叢林中怎麼會有這麼多車子時，走在前方的 Andy 突然大聲驚呼，是牛吔！我快步跟上一看，不得了！有幾千頭棕色的牛群，正在草原上緩慢前進，隊伍中還有幾隻小牛，此起彼落的哞哞叫聲響徹雲霄，牠們一隻隻頭角尖銳、身形壯碩、氣勢驚人，景象壯觀就像探索頻道裡介紹的非洲野牛大遷徙一樣，場面令人震撼。

這一幕奇景，令我們大開眼界，也為我們的旅程增添一個很棒的冒險故事。當然，有些人旅行，單純是為了風景，有些人是為了歷練，有些人是為了探險，對於我而言，**自助旅行更像是一場生命的淬鍊**，我們歷經不同的生活、不同的文化、不同的遭遇，見識到不同的人們，豐富了人生的色彩，讓我能夠勇敢地面對世間的晦暗，更可以堅強地迎接人生的挑戰，成就更加美好的自己。

我覺得，大部分的人，心中是存有冒險精神的，但長久以來的社會體制，讓許多人任由別人的想法來決定自己的生活方式。從升學就業、結婚生子，甚至是財富支配，常常無奈地被傳統綁架。我也是如此，雖然骨子裡有一股叛逆，可是上半輩子，大多仍然按照著上一代的觀念，只是因為性格執拗，不想太早放棄夢想，也不想一直遵守別人的定義，加上一點運氣及獨斷，讓我稍稍可以跳脫限制的框架。

有人說，比失敗更令人恐懼的是懊悔，鼓勵人們拋開束縛、想做就做。我覺得這種說法有些過於超脫。人生就是一連串的選擇，遺憾在所難免，生活有太多的顧慮，令人無法貿然地任性而為，尤其是成為父母之後，我們不只要對自己負責，子女的教養陪伴都是無法推卸的責任，可是，**只要能力可及，在風險可以承擔之下，就不要輕易放棄冒險的機會**，當一個人對生活失去熱情與好奇時，變老就是一瞬間的事了。

40 人生只有一回，理應活得精采

葡萄牙，聖塔倫

Andy

我們意外地在里斯本近郊的鄉村找到一間民宿，原本沒有打算要來這裡，原因是交通不太方便，而且有部分空間必須和其他人共用，但因為民宿的經理人Rita在網路上非常積極地回應Jessica的問題，並且主動協助安排計程車到火車站接駁，於是我們就在盛情難卻的狀況下，決定來這裡好好休養生息幾天。當我們坐上計程車，花了近四十分鐘來到民宿時，看到周遭近乎原始森林的樣貌，心裡不禁有點擔心受騙，但是在Rita的接待和介紹後，我們慢慢地釋懷和接受這間悠閒又純樸的民宿。

從Rita的說明中才得知，她並不是民宿的主人，因為業主目前在挪威工作，而Rita是業主妹妹的朋友，兩人受僱於業主，輪流來此鄉間民宿代為經營管理。但從Rita在訂房網站的積極，和接待我們的熱情細心，我們清楚地認知到，這間偏僻民宿賣的不是它的美麗景緻，也不是豪華舒適的環境設施，而是它能讓來訪的人感到輕鬆自在的服務，沒有SOP，卻是無微不至，依照客人的需要而給予最大的彈性和協助。住在這裡不像是住在旅店，比較像是住在家裡，我相信他們若持續以這樣的方式經營，這間民宿將不會受限於地理位置的劣勢，能迅速站穩腳步並累積出自己的忠實客戶。

好產品固然是成功的關鍵之一，但要能將缺點轉變成為優勢，最難做到的就是有溫度的服務，就算擁有再好的產品和商業模式，若沒有用心去執行，也是枉然。人生也是如此，不要總是埋怨自己生不逢時，「用心」和「態度」才是人生獲得成功的關鍵。

當我坐在民宿客廳面對大片落地窗的沙發上，看著湛藍的天空、隨著風勢搖動的大樹、窗前的花草，在刺眼的陽光下，每一個元素都呈現獨特的味道，形成具有強烈對比的一幅畫。我靜靜地呆坐著，看著景色、發個呆、偶爾寫寫日誌，不由自主地就睡著了，再醒來，已見到橙紅色的夕陽滿溢在天邊。

收拾一下心情開始準備晚餐，滑開手機裡的音樂選單，播放李宗盛的〈不必在乎我是誰〉，當聽到：「我覺得有點累，我想我缺少安慰，我的生活如此乏味，生命像花一樣枯萎……幾次真的想讓自己醉，讓自己遠離那許多恩怨是非，讓隱藏已久的渴望隨風飛，忘了我是誰……」這幾段歌詞，碰觸到我心中曾經有的生活感嘆。

回想這次在歐洲的旅行，真的彌補了自己過往生活的疲憊了嗎？也找到對未來生活的信心和方向了嗎？坦白說，我也不確定，但是我認為這一趟旅行對我而言非常值得。人生只有一回，我們需要的不是對過去的懊悔或補償，也不用對未來有不切實際的期待，而是應該活在當下，讓自己可以活得更精采。就這樣，在李宗盛演唱會專輯的歌聲中，我也把我們的晚餐料理好了。

41 為自己的快樂負起責任

葡萄牙，里斯本

Jessica

住到民宿已經五天，清晨漫步去巡視那群放養的山雞，已經成為例行活動，這讓我對這個地方產生一種歸屬感，好像我一直生活在這裡似的，當我不再被時間追趕，時間反而變成恩賜，而不是壓力。每天就是寫寫遊誌、聽聽音樂、烹煮三餐，看著陽光從樹梢上輕盈滑過，看著牽牛花朝開夕落，我非常享受這種單純的日子。

但足不出戶的鄉村生活，Andy 已經開始覺得無聊，所以，我只能配合他前往這趟旅程最後一站，葡萄牙首都里斯本（Lisboa）。臨別，我邀請民宿主人 Celine 來看看我們美麗的台灣，也承諾有機會再來葡萄牙時，會回來看她，我們像多年老友，互相擁抱道別。

離開聖塔倫，我們搭乘火車前往里斯本，葡萄牙的火車站都沒有閘口，自己確認好月台及班次就可以上車，列車長會在車上一一查票。這班車的列車長已經白髮蒼蒼，看來可能七十有餘，我很好奇怎麼這麼大年紀還沒有退休，所以就沿途觀察他的行為。

他身形削瘦、頭頂微禿，棕色的老人斑在白皙的皮膚上顯得更加明顯，他穿著白色襯衫制服，深灰色卡其長褲，銀絲邊眼鏡下露出一雙空洞的眼睛。來查票時，臉上沒有任何表情，我把手機裡的數位票券打開給他看，他二話不說就走向後座的乘客，聖塔倫是個鄉下小站，只有平快車停靠，所以這輛列車幾乎站站都停，只要有人上車，他就必須巡迴檢查一遍，一天來來回回穿梭在車廂之間，一直重複著簡單卻無聊的動作，我不知道這是不是他喜歡的工作？不知道這是不是他想要的生活？

其實這個問題，在這趟旅程中我也不斷地問著自己。我們需要工作，工作也需要我們，看起來好像是對等關係，其實不然，我想大部分的狀況，是工作選擇我們，而不是我們選擇工作。我們說服自己時機歹歹，有一份穩定的工作就該滿足，可是內心卻又感到莫名的空虛。**在應該轉身的時候，我們對內心深處的抗議視而不見，無奈地消磨著青春歲月，遷就地過日子，而不是過生活**，直到有一天，我們再也無力反抗。就像那隻被細繩栓住的大象，放棄逃跑的機會，不再相信有其他生路，終其一生，都被束縛在小圈子裡，看著外面的世界嘆氣。這是多麼可怕的事！

我常覺得，長期處在馬群裡的獨角獸，終有一天會忘記自己的稀有和珍貴。難道我們真的只是泛泛之輩？難道我們只能過著庸庸碌碌的生活？這會不會是一場誤會，也許我們就是那隻忘記自己是誰的獨角獸？

很多人活了大半輩子，還是不知道自己想要什麼，不知道自己想過什麼樣的生活。其實，這也不能全怪自己，這個社會從來就不鼓勵標新立異，對於那些異於尋常的人，通常都是先否定懷疑，而不是肯定讚美。每一位出類拔萃的人，都曾經歷過別人異樣的眼光。所以，我們想要與眾不同，卻又害怕被孤立，害怕得不到別人的認同。

其實，不管是珍奇的獨角獸，還是普通的驄馬，都要找到自己的定位，必須為自己的快樂負起責任，縱然是甘於平凡、享受平凡，也是一種幸福，只要能夠欣賞自己，就能夠找到適合自己的位置，自在地過生活。最怕的是，不能接納自己、委屈自己，甚至拋棄自己。

什麼才是適合自己的生活？這是自己才能回答的問題，但也不是隨便就能得到答案。如果只是要獲得短暫的愉悅，很簡單，吃塊甜點，就可以有幸福感，但如果要追求精神上的滿足，就不是容易的事。聖雄甘地（Gandhi）說：快樂，就是當你所想的、所說的、與所做的，都是和諧一致的。要讓生活和諧快樂，我覺得有四個心念要問自己：想不想、能不能、願不願、可不可。

想不想，是關於內心對於美好生活的夢想藍圖；能不能，則事關個人的能力或資

源是否充分；願不願，意指即使能力不足，是否有決心要克服困難；可不可，就牽涉到道德或規範。

以我們這次旅行為例，南歐自助旅行是我長久以來的夢想，在時間及經濟的允許下，雖然人生地不熟，又不會說當地的語言，但我會努力事先查好資訊，來減少心裡的不安，我會用翻譯工具，來克服溝通的障礙，又適逢歐洲全面解封開放旅遊，我終於如願以償，即使辛苦也甘之如飴。而這四個心念，又以「願不願」最為重要。很多人就是無法克服憂慮，或是不想接受改變，抑或想不開、放不下，最終和夢想無緣。就像瘦身一樣，既不願運動，又不願改變飲食習慣，那身材便很難窈窕。

當然，在我這種年紀，知道生活有許多無奈，夢想和現實總是有差距的。越大的夢想，越無法一蹴而成，然而，我們可以列出願望清單，從簡單的開始，也可以分成不同階段，慢慢達成。重點是去做，因為做了才知道該如何修正，尤其有些事我們分不清到底是夢想，還是幻想。像我在四十歲時，開始學鋼琴和花藝設計，幾年後，我知道我有機會成為花藝老師，但我永遠不可能成為鋼琴大師。**我們應該為夢想奮鬥，卻不需要為幻想浪費精力。有人說，夢想很豐滿，現實很骨感。我猜這應該就是錯把幻想當成夢想了。**維珍集團的董事長布蘭森（Richard Branson）可以飛上太空，但是，我們還是得要腳踏實地。

火車不到一個小時就抵達里斯本，這座繁忙的城市和寧謐的聖塔倫是完全不同的生活方式。哪一種才是好？沒有標準答案。但是，不管是誰，都應該趁早想清楚，自己到底要什麼。

42

在逆境中自持的里斯本

葡萄牙，里斯本

Andy

初到里斯本，一下火車就有點混淆不清了，因為車站非常現代化且設計新穎，完全不像是世界最古老的城市之一的車站，查了資料才知道這個里斯本東站，是一九九八年為了里斯本世界博覽會，才建造的新火車站。做為歐洲第二古老的首都，里斯本的火車站是依鐵路的運輸方向，在全市共設有六個車站，例如往波多的聖阿波隆尼亞車站（Santa Aplonia station）、往辛特拉的羅西烏車站（Rossio Train station）等，所以，來到里斯本要搭火車或是和朋友約在火車站碰面，要先弄清楚是哪一個車站。

里斯本的地理環境和波多有一個共同點，它們都是面向大西洋而坐擁大河出海的城市，里斯本的母親之河，從西班牙境內往南流向葡萄牙出海，在西班牙名叫「塔霍河」（Tajo river），在葡萄牙則被稱為「特茹河」（Tejo river）。里斯本就位於此河的出海口，這條大河賦予了這個城市獨特的風貌，以及在歷史上的特殊價值，特別是十五到十六世紀，葡萄牙在大航海時代建立全球的殖民地，為里斯本帶來了大量的貿易和商業機會，使得這個城市得到快速的發展，成為當時歐洲重要的商貿中心，更因此使得葡萄牙成為海上霸權國家。

但里斯本沒能和波多一樣，大面積地保留古老城區的歷史建築和城市風貌，最主要的原因有兩個：一是地震、二是戰爭，里斯本在一五三一年發生了一次大地震，造成了一定程度的破壞，更不幸的是，一七五五年里斯本再次發生歐洲史上最強的九級強震，城市多數建築毀於地震、海嘯和因地震所引發的火災，造成當時超過十萬人罹難的悲劇。

因應防震的思維，這座在廢墟中重建的城市將建築型態和構造化繁為簡，並且在結構中增加嵌式木樁以增加耐震力，也使得里斯本的老建築物保留率，可能是歐洲古老城市中最低的一個。

另一方面，十五世紀末西班牙介入葡萄牙王位繼承而引發戰爭，十九世紀法國拿破崙一世皇帝發動伊比利亞半島戰爭，兩場大戰在葡萄牙主要受到影響的城市也是里斯本。因此，里斯本這個城市看似宏偉壯觀，但因歷史的痕跡使它總是蒙著一層淡淡的哀愁，就像葡萄牙著名的怨曲〈法朵〉（Fado）一樣，讓人感覺到有點說不出來的哀傷氣氛。

但無論如何，里斯本極盡所能地重新建立屬於自己的新風貌，也最大程度地保護及發展它的歷史背景優勢，例如已經運行超過百年的城市電車、聖朱斯塔升降機（Elevador de Santa Justa），和非常獨特的海港沿岸城市氛圍，旅客來到里斯本必會搭乘老電車到古城區，並且在海岸觀景平台附近下車看海，看那一片紅瓦白牆高低錯落的山城，讓海上的點點船帆再次喚醒大家的記憶，這裡曾經是世界大航海時代的起點。

無論經歷了再多的挑戰和劫難，只要能夠重新出發，就一定可以重新站上世界的舞台。人生不知何時會有順境、逆境，重要的不是順境時的不可一世，而是逆境中還能自持並堅持下去，加油吧！里斯本！

43

獨一無二的我們，不需要妄自菲薄

葡萄牙，里斯本

Jessica

炎熱的天氣又讓我們陷入苦戰！陽光亮閃到戴著太陽眼鏡都覺得刺眼。幸好里斯本的建築物樓層較高，還有牆簷陰影處可以遮陽。位於山丘地的里斯本，地形高低起伏，大部分的建築物都是在一七五五年大地震後重建的，因此，明顯比歐洲其他大城市來得新穎，相對地，也較為缺乏文化古蹟。這樣一個年輕的城市，甩開了歷史包袱，充滿青春洋溢的氣息，卻也顯得叛逆，它的特色不在

▲ 鮮豔又充滿童趣的里斯本。

於古老的建築藝術，反而是一些小巧繽紛的交通工具，往來在大街小巷充滿奇趣。

像我們早上前往巴西人咖啡館（Café A Brasileira）吃早餐時，便特別注意到夾在兩棟樓房之間的榮耀纜車（Ascensor da Glória），豔黃窄身的車廂，像是一條流動在城市中心的奶油夾心，迷你纜車本來只是供當地居民免去爬坡之苦的代步工具，沒想到鮮豔的色彩、畫滿趣味的塗鴉，竟成為觀光客最愛的景點路線，時常大排長龍，都是等著搭乘的外地人。

除了經典的纜車，鮮黃色及正紅色的電車，更是里斯本的城市象徵。到處都可以買到各種尺寸的模型紀念品。午後，我們搭乘二八號電車，登上山城阿爾法碼區（Alfama），車廂上面貼著各種品牌的廣告，像是活動招牌一樣，花枝招展地行駛在狹窄陡峭的坡道巷弄中，有時候幾乎就和行人擦身而過，吸引許多旅客爭相拍照。而路上還有各種裝飾花俏的觀光三輪車，就像小蜜蜂那樣忙著載遊客四處穿梭。年少輕狂的里斯本，穿紅戴綠地媚惑著每位旅人的情感，彷彿等著你接受它的告白！

里斯本歷史最悠久的建築，就屬傑羅尼莫斯修道院（Mosteiro dos Jerónimos）和貝倫塔（Torre de Belém）。我們這趟南歐之旅參觀了許許

◀ 傑羅尼莫斯修道院獨特的曼努埃爾風格。

多多的教堂、皇宮和城堡，有的金壁輝煌、有的宏偉壯觀、有的精雕細琢、有的莊嚴肅穆。曾經是海上霸主的葡萄牙，傑羅尼莫斯修道院在傳統的哥德式及文藝復興古典設計中，融入了許多大航海時代意象的雕刻圖騰，像大理石牆上的海浪紋飾、頂架肋拱上的貝殼雕刻、扭轉廊柱上的船舶繩索、精細窗櫺上的藤蔓植物，這些海洋元素，發展出獨特的曼努埃爾風格（Manueline），漫步其中，慢慢尋找、細細觀賞，是饒富趣味的體驗。

里斯本的地標貝倫塔，是一座用石灰岩建造的五層樓防禦性堡壘，沉穩方正的風格，在陽光照射下，就像是一位白衣英雄，五百多年來默默地見證著葡萄牙的起落興衰。浪潮拍打著貝倫塔，有種一夫當關，萬夫莫敵的氣勢。我們走下淺灘，撩撥著大西洋冰涼的海水，曾經是海上的霸主，如今卻是潮起潮落，繁華已過。

遊客們來到貝倫區還有一個重要的理由，就是為了造訪葡式蛋塔百年老店 Casa Pastéis de Belém，剛出爐熱呼呼的蛋塔，焦香酥脆的餅皮，和香濃的蛋奶內餡，讓一向節制的我，一口氣連吃了三個。而這家名店最讓我驚訝的，除了甜點美味，是順暢的管理流程，店內的用餐區域大概可以容納二、三百人，加上店外排隊及外帶的客人時常超過百人，要同時應付如此龐大的來客人潮，服務流程是一大考驗。

我仔細留意，店家上餐正確快速，人員服務意識雖然不及台灣，但訓練有素、分工清楚，各自有負責的工作項目和區域，圖文並茂的數位點餐系統，方便來自世界各地的遊客點餐，即使不熟悉軟體操作，桌上的菜單及牆上的照片也很俱全，消費者用餐完畢、結帳後，員工馬上收拾清空桌面，供下一輪客人上桌，不會有杯盤狼藉的狀況，這種效率實屬難得。

這趟旅程我們走過義大利、梵蒂岡、法國、西班牙及葡萄牙，無論是城市或鄉村，都在積極發展建設，有正在興建的旅宿，有正在裝修的餐廳，有正要開幕的商場，或正值維護的交通運輸，明顯每一個地方都已經磨刀霍霍，準備迎接後疫情時代爆量的旅客。事實上，這兩個月我們除了要克服各地旅宿經常客滿的問題，為難的還有拍照時，要想辦法避開天際線上大大小小的工程吊臂，即使在偏遠的小鎮也是如此。

我不禁有些擔心台灣，我們準備好了嗎？雖然，我們沒有像歐洲國家擁有那麼多的天然資源或歷史古蹟，但是，我們走過越多國家、待的時間越久，就越能體會台灣的美好。我們擁有友善的人民、安全的環境、便利的交通、合理的消費、美味的食物、優質的服務、良好的效率，也擁有自己傳統的人文特色及豐富的自然景觀，台灣有許許多多領先其他國家的優點，不需要妄自菲薄。

過去，我們在旅行時，總是必須特別說明我們來自哪裡，甚至有人會搞混台灣和泰國，然而，這一次在我們所到之處，只要提到我們來自台灣，幾乎無人不曉，而且，有些人還會主動與我們聊起台灣的政策。我發現，現在知道台灣的人很多，也對我們充滿好奇，只是他們不太了解我們，所以，目前台灣需要強化的是觀光品牌定位的宣傳包裝，以突顯台灣與亞洲其他地區的差異，讓世界認識台灣獨一無二的精采魅力。

真心希望，我所愛的寶島，能夠快速登上國際舞台，也能夠讓更多人看見台灣的美好。月是故鄉明，雖然才出國兩個月，但真的想念台灣了！

44 無論年紀幾何，也能走遍世界

葡萄牙，里斯本

Andy

離家旅行正式突破六十天，這一趟在自己年滿六十歲之前，特別安排的壯遊之旅終於即將完成了。走過了整個南歐四國的多數景點，也完成了徒步一百二十公里的聖雅各朝聖之路，即使我們在出發前已經做好了最壞的打算，包括可能在國外染疫就醫、訂不到交通住宿，抑或是水土不服而必須中斷旅行，但是我倆說走就走，竟然也就走遍了原先想去的地方，並且額外去了許多原本沒有規劃的地方。

回顧自六月二十二日從台北出發飛抵羅馬後，我們雖然小心翼翼，卻仍在地鐵上險遭扒竊，驚訝於無論人潮再怎麼擁擠也沒有人戴口罩，也在旅行剛開始時，不斷因語言障礙而受挫，經常因為交通資訊不足而擔心緊張，甚至坐錯車和發生許多失誤，所幸幾次都是遇到善良的好心人，讓我們搭便車才得以解圍。我們也曾經在自駕遊的途中迷了路，也曾經到了民宿才發現和網站上介紹明顯不符。但更多時候，我們都比所有人更早到巴士站、火車站和機場，因為我們沒有本地語言的溝通能力，只能用更多的時間來做為風險的緩衝。

在這一趟旅行中，我們嘗試做一些過去沒做過的事，嘗試以不同角度來看旅途中遇到的所有事，用不同的心情來品嘗所有的食物。我突然發現即使是曾經造訪過的地方，也有了不同的風景；曾經吃過的東西，也有了不一樣的味道，這或許也是我在這趟旅行中的一個意外收穫！

即使我們的英文不是那麼流利，但是也能夠在朝聖之路上，和來自美國的女士們聊聊美國眾議院議長裴洛西（Nancy Pelosi）訪台、對美中關係的看法；或是在葡萄牙和民宿老闆聊聊子女教育問題、台灣和葡萄牙的飲食文化差異。我們用有限的詞彙卻能達到溝通的目的，其實只有一個方法：**放下自己的莫名自尊和不必要的羞澀**，不怕對方聽不懂、不用不好意思、勇敢講出自己的想法就是了。

旅行中遇到的困難也是一樣，用講的、用比的、用手機照片或翻譯軟體……都可以！**自助旅行其實並不需要具備多國語言能力，只需要決心和勇氣，而真實的人生又何嘗不是如此呢？**

就在這個旅行屆滿六十天的日子，我們一如過去兩個月已經養成的習慣，早早起床且迅速完成出門前的準備工作。當我們走在里斯本週末的街頭，我突然間覺得自己似乎有點忘記台北的週末早晨了，難道這就是所謂的近鄉情怯嗎？

七二七路公車從我們飯店所在的市區自由大道，穿越老城區往里斯本的海邊貝倫區疾駛，沿途陸續有旅人從各站上車，大家的目的地應該都是一樣的地方，要去貝倫區參觀傑羅尼莫斯修道院和著名的貝倫塔，而我坐在位子上看著車上不算太多的乘客，畢竟是週六早晨七點多，年輕人不多，反而都是中年以上的遊客，即使是頗有年紀的老人家也多是獨自一人，或是兩位老人結伴旅行，不由得讓我期盼自己七老八十時，仍能和他們一樣自己出來旅行。

到了貝倫區的海邊，站在「發現者紀念碑」（Padrão dos Descobrimentos）前，抬頭看著天空的藍，對應眼前波瀾壯闊的大西洋，由衷佩服幾百年來勇敢出海的冒險家們，因為他們的冒險精神而改變了這個世界。再走到貝倫塔前，我脫下鞋子走進旁邊的沙灘，試試大西洋的水溫也順便泡泡腳，想不到海水非常冰涼，即使在近三十度的氣溫和豔陽高照的天氣下，大西洋的海水溫度冷得讓我只站在淺灣中十分鐘，就受不了想上來了。再回頭看一眼貝倫塔，想像它孤獨矗立在這海岸邊已有五百年，看著潮起潮落和多少英雄偉人從此岸揚帆出航，有人滿載而歸，也有更多人一去不能復返，真是無限感慨，無盡的惆悵。

現代旅人和數百年前航海者的相似之處，就是對未知的世界充滿好奇和探索的熱情，而最大的不同則是現在的我們無須付出生命冒險，所以，何不鼓起勇氣出發呢？

活得越久、走得越遠，別將自己的活動範圍寄託在別人身上，一個人或是一個伴，也能走遍世界。人生最大的障礙其實就是自己，若我們不自我設限，無論年紀幾何、無論什麼地方，什麼事情都可以去實踐。

45

婚姻像一雙鞋，合腳比華麗重要

葡萄牙，奧比杜什

Jessica

奧比杜什（Obidos）是距離里斯本一小時車程的特色小鎮，據說在西元一二八二年，當時的葡萄牙國王丹尼斯（Denis），將這座美麗的古城送給妻子伊莎貝爾（Isabel），並在這裡舉辦盛大的皇室婚禮，而後，這項表達愛意的方式沿襲了數百年，奧比杜什成為歷代皇后的結婚禮物和領地。可能是因為這樣，比起歐洲許多雄偉的城堡，奧比杜什散發著一種女性細緻浪漫的情調，如今，有許多人專程來此舉辦婚禮，所以這座小城又被稱為「婚禮之城」。

我們按著網路上查到的資料，來到里斯本的大坎普車站（Campo Grande），準備搭乘巴士前往奧比杜什，可是，卻找不到網友標示的站牌位置，我猜可能是這幾年大家無法出國，許多資訊變動卻未能及時更新的緣故。既然如此，我只好施展老一輩傳授的古老祕技，路長在嘴裡！直接詢問當地人，才知道巴士站已經遷到另外一側，匆匆趕去時，已經錯過原定車班，只能再多等一個小時，改搭另一個班次。

來到奧比杜什已經午後，這座丘陵上的白色山城，外圍有座綿延三公里的高架水道橋，一望無際的拱型橋墩，彷彿在訴說著往日的風華，而城內則洋溢著童話般的色彩，紅瓦白牆上畫有靛藍和亮黃色的飾條，對比的色彩顯得活力十足，巷弄中高掛著彩繪旌旗，在藍天下隨風飄揚，而豔麗繽紛的九重葛奔放地攀爬在白色牆面上，窗櫺花影像關不住的愛情，尤其是店家賣著當地特有的櫻桃酒（Ginja），裝在巧克力一口杯中，二〇％酒精濃度，甜滋滋又火辣辣，就像是熱戀一樣的滋味。

漫步在充滿喜慶氛圍的奧比杜什，到處都可以感受到濃烈的甜蜜氣息。讓我差點一度相信，在此舉辦婚禮的新人，將如同王子和公主，從此過著幸福快樂的生活。可惜，人生並非童話故事。在現實世界裡，愛情並不會像戀人說的那麼天長地久，婚姻也不一定能夠白頭偕老。若愛情無法承受生活的折騰，無奈就成為日常，妥協是為了繼續，夜半擁抱的只剩酸楚。或許許多人只是嫁給自以為是的愛情，娶到不切實際的幻想，所以，一場浪漫的戀愛故事，最終卻演成相愛相殺的驚悚劇情。

我想，婚姻的本質，並不是愛情。雖然，一開始我們可能是因為愛情，才進入婚姻，然而兩者卻存在極大的衝突，愛情追求刺激，婚姻卻重視安穩。愛情，是感性的欲望，婚姻，卻是理性的責任。愛情，需要的是一種對的感覺，婚姻，卻常常是將錯就錯。有人說，婚姻不是1+1=2，而是0.5+0.5=1。兩人必須各自削去一半的個性，才能組成完整的家庭。說起來簡單，但是，磨合的過程，總是要經歷過皮開肉綻的疼痛。

我不相信世上存有完美的婚姻，就像世上沒有完美的人，既然每個人都有缺點，我們只能找一個合適的人，然後努力地與他一起成就美好。那些看似完美的婚姻，都有外人看不到的暗潮洶湧。所以，婚姻就像一雙鞋，合腳比華麗重要。如何愛人、如何被愛、如何相處，即使是已經結婚三十多年的我，也沒有答案，環境在變、人心也在變，過去的蜜糖，或許是現在的毒藥。如果問我，什麼樣的婚姻最幸福？我認為是，**知道自己幸福的夫妻最幸福**。因為，幸福的婚姻，並不是沒有缺憾，而是懂得欣賞彼此、包容缺憾，只要知足感恩，互相珍惜，懂得彼此的價值，婚姻就可以繼續！

遺憾的是，美好的開始，不一定有美好的結束。婚姻，從來不是幸福的保證，幸福，永遠都是自己的責任。在婚姻的長河，擺渡者終究還是自己。無論是同甘共苦的相濡以沫，或是各自安好的相忘江湖，又或是單身不婚的自由自在，都要學會讓自己快樂。

穿過主街道，山丘上聳立著一座氣勢磅礡的石砌城堡，雄偉工事固若金湯，被列為葡萄牙七大奇蹟，如今搖身一變，防禦堡壘華麗轉身為國營旅館。從城堡一旁，可以爬上高十二米，長一千五百六十五公尺的千年古城牆，上面有雙人肩寬的步道，可供遊客繞行奧比杜什，因為沒有護欄，我幾乎是緊緊貼著牆面戰戰兢兢地前進。城牆外是一片綠色的田園大地，城牆內則是一群白色的紅瓦小屋，藍天白雲下的山城，彷彿時光就凍結在幸福的那一刻，這道絕美的景色讓有懼高症的我，仍然堅持著走了一圈。我不確定這座白色的婚禮之城，能否譜出琴瑟和鳴的協奏曲，但我確定奧比杜什是我心目中夢寐以求的美麗。

回到里斯本，我們尋了一家拉麵店用餐，沒想到巧遇一位也是台灣來的年輕女生，她千里迢迢追隨外籍老公，從日本到西班牙，最近又移居到葡萄牙工作，異國婚姻總有一方要放棄原來的生活，我很佩服她的勇氣。

我想婚姻這條路的終點，就是對方的心，一旦踏上，每個人都想走好走遠，但時間久了，慢慢也會明白，這也是一條從絢麗回歸簡單的路。當我們奮不顧身地走進對方的生命時，其實要的並不多，只是想要獲得一份真心相待。看著他們小夫妻卿卿我我分食一碗麵，就好像奧比杜什那杯櫻桃酒一樣甜蜜。衷心祝福他們！

◀ 奧比杜什又被稱為婚禮之城。

46

旅程，即將結束，也正要開始

葡萄牙，羅卡角

Jessica

歷經六十天，我們的南歐之旅終於來到尾聲。我刻意選擇來到歐陸盡頭的羅卡角（Cabo da Roca），做為這趟旅程的終點。羅卡角毗鄰大西洋，位於北緯三八度四七分，西經九度三〇分，是歐亞大陸的最西南端，在十五世紀地理大發現之前，這裡被視為世界盡頭。

早上的天氣陰霾、霧氣靄靄，模糊的海平線，讓一望無際的大西洋，顯得更加海天一片。看著蜿蜒海岸線上嶙峋的懸崖峭壁，層層海浪拍打著隆起的奇岩怪石，掀起滔天白色浪花，波瀾壯闊的景色，令人心潮澎湃不已。回想一路來的挑戰，看過天涯、走過海角，一幕幕風光、一步步腳印，慢慢地懂大山、懂大海、懂一點人生百態，心裡有種莫名的感動！

看著矗立在海岬上著名的十字紀念碑，上面刻著葡萄牙詩人賈梅士

◀ 陸止於此，海始於斯的羅卡角。

（Luís Camões）寫下的名言「陸止於此，海始於斯」（Onde a terra acaba e o mar começa）。這句話正好描述出我的心境，雖然往日青春已逝，但來日精采可期。對於過去那些酸甜苦辣，我想要好好收藏，未來那些新的故事，我想要寫出閃耀，只要人生還在繼續，就該放下過去、珍惜當下、擁抱未來。我忽然有種感覺，**此生能走多遠、能到哪裡，最終決定的都是自己**。望向前方茫茫大海，看到的是磅礡壯麗，還是虛無縹緲，準備乘風破浪，還是隨波逐流，也都取決於自己。

離紀念碑不遠的高處，有一座醒目的紅頂白牆燈塔（Farol do Cabo da Roca）。它建於一七七二年，是葡萄牙最古老的燈塔之一，時至今日仍在運作。看似是大海中迷惘船隻的指引，其實不然，人生，掌舵者是自己，航向光明或航向黑暗，都掌握在自己的手裡。很多時候，能夠救贖我們的，不是別人，而是自己的覺醒和改變。心有千千結，才有重重苦，困住自己的，常常是自己的心，而不是外境，想要脫離苦海，唯有自渡。

強勁的海風刮得我幾乎站不穩腳步，氣溫冷得令人直打哆嗦，但我仍然捨不得離去。羅卡角曾經被評選為「全球最值得去的五十個地方」之一。許多遊客特別喜歡來此欣賞歐洲大陸的日落景色，看著一輪紅日緩緩墜入波濤洶湧的大西洋。詩人李商隱曾道，「夕陽無限好，只是近黃昏」。但是，同樣是唐代詩人的劉禹錫卻說，「莫道桑榆晚，為霞尚滿天」。所以，讓人變老的，不是歲月，一切都是自己的心態。**人生，只有太早結束，卻沒有太晚開始**。行至羅卡角，正如我們的旅程，即將結束，也正要開始！我對過去，充滿感謝，對未來，充滿希望。

告別羅卡角！本來計畫順道拜訪辛特拉（Sintra）。可是，我們搭錯車了！或許是老天想要再度提醒我們，人生不會按著計畫走，隨緣欣所遇，四處皆風景，這門學問我們逐漸明白，卻修練不夠。我錯把雙向公車當作循環路線，便一路被載到卡斯凱什（Cascais），這是個緊臨大西洋的度假天堂，氣候怡人、陽光明媚，沙灘上盡是穿著比基尼、小泳褲，晒著日光浴的遊客，我們穿著外套長褲，就像是來自另一個世界般的格格不入。

抱著既來之、則安之的心情，我們找了一家露台上的咖啡廳，暖陽一下子驅走了在羅卡角受的寒意，我終於明白，上天安排自有美意，只是當下很難體會。人算不如天算，面對未來，需要更加敬畏與謙卑。

回想年輕時，總是習慣用蠻力對抗生活，搞得自己傷痕累累，現在年紀漸長，才知道順應天意並不是消極，而是一種智慧。既然，人生高低起伏都是必然，那麼，成功時千萬不要張狂，挫折時更要處之淡然，好日子，慢慢享用，歹日子，勇於面對，有緣的，總會遇見，無緣的，註定擦肩。就像是辛特拉的佩納宮（Palácio Nacional de Pena），因為坐錯車便成遺珠。不過，旅行中總要留下一點點殘念，像一根羽毛般，在心裡癢癢地搔撓著，才能成就未來再訪的機會。

樂天安命，是人生下半場必修的學分。缺席的辛特拉，反而讓我可以從容地向這次旅程告別，隨著陽光西斜，拖曳出長長的陰影，猶如拖腔的尾聲，宣告著已是曲終時刻。坐在回程的火車上，時光伴隨著窗外景色飛逝，天色漸漸昏暗，心卻漸漸明亮，**我知道不必再浪費時間，去執著那些沒有定論的對錯，我知道不必再浪費生命，去陪襯那些虛偽做作的姿態**，我知道感情和善良，要花在值得的人身上，我知道動人的故事，總寫在那些曾經的故作堅強。我告訴自己，人生沒有理所當然，也沒有過不去的檻。

夜幕低垂，返台行李已經打包好了，我靜靜地思索著，如何為這篇文章寫下最適當的結語，撫摸著手腕上的貝殼手鍊，是朝聖之路的紀念品，也是這趟旅程中唯一買給自己的禮物。點點回憶就像珠飾般閃閃發亮，腦海中可以提取的美好太多，思來想去，這是一段想讓自己變得更幸福的故事。我慢慢地寫下五個字：不是最終章！

47 專注走在自己的路上

台灣，台北

Andy

經過兩段航程，十九個小時的飛行和四個半小時的轉機，我們終於在傍晚略有小雨的天氣中返抵台灣。在我的印象中，自己三十年來出國次數已有數十或近百趟，只有一九九九年九月二十二日，我因為台灣大地震而緊急中斷出差返台，經歷一整天的波折和飛行，抵達台灣機場時的激動心情和今天的感覺相仿。當年是擔心家人的迫切心情，而今則是久違後思念家人的感受特別濃郁，或許是我自己情緒過度泛濫了，僅僅六十幾天的旅行怎麼會有太多的離愁和感觸呢？

年輕時，我的心裡總是將責任感放在第一位，努力工作賺錢就是對家庭負責任的表現，所以，我從未猶豫是否接受公司指派的任務，無論是高度壓力或長時間的出差，即使無法兼顧家庭生活及家人感受仍義不容辭，所以幾十年的職場就成了自己的生活重心。

然而這一次的旅行，是我人生第一次不必在旅途中處理公務，可以專心一意地陪同家人體驗旅行中的一切。而回家的迫切感來自於想和家人分享旅行的一切，也是讓他們真正地放心，不僅僅是旅途中的人身安全，更是人生道路上的自在和安定。

回想這說長不長、說短不短的旅行，其實感受和自己的前半生有點相似，踏上旅程後只有勇敢向前，沒有退怯或放棄的念頭，雖然旅程的初期會害怕、會遭遇困難、會摸索學習⋯⋯但因為堅定的信心和不斷反省自己，才讓我們能夠走過這段辛苦的路程。當旅行進入後期，我們已經熟練於面對旅行中遇到的問題，接著而來的是我們要如何豐富這個旅程？未來的旅程又將往何處去？

在我們走上朝聖之路的這七天，可以說是這一趟旅行中最無懸念且全心投入的一段時間，也帶給我們最大的樂趣和啟發，雖然每天都耗盡身體的最後一分力氣、掏空心中所有的雜念，卻覺得很充實和感動，因為你每天只有一個想法：走到目的地。才走了七天，竟然讓我開始期待自己的人生，可以像這樣目標清晰又簡單，不要再為任何事情煩心，專注地一步步用自己的力量走向目標，真的好踏實也好容易讓人上癮。在現實生活中，總是有太多的想法和煩惱，還不如一個背包就能收納一切，反而斷了煩心的來源。

專注在自己喜歡的事、做自己會快樂的事，不必在乎別人的眼光和看法，如同走在朝聖之路上，有企業大老闆、手握權勢的政治人物、醫生、律師等各界菁英分子，也有失去親人、失去工作、失去婚姻、各種想要找回自己人生的失意者，但在這朝聖的路上沒有誰會問你為何而來，也沒有人會要求你必須走快、走慢、或該怎麼走。因為，這就是你和自己的對話，自己的路沒有任何人能幫你走完，我們又何必因為他人而陷入迷途呢？

結束了旅程，反復閱讀自己的日記，感恩上天讓我的人生有了這趟小旅行，重新體會到人生應該適時「停、看、聽」的道理，並理解人生有得必有失，寧可失利、也不失人，活得安心才是自在人生。

後記
旅行改變心態，也改變了人生風景

Jessica

我鼓勵旅行，不管什麼年紀，都應該放膽走出家門，或許沒有想像中的舒適，或許沒有預期中的順利，但這些插曲都有助生活的樂章變得更加豐富。有時候換一種思維，那些不適和不順，並沒有想像中的可怕。失誤，可以幫助成長；錯過，可以另尋機會；風雨，也可以看到另外一種景緻。尤其進入人生下半場的人，有夢，就要放手去追。我們常常擔心太多，事實上，我們缺乏的不是能力，而是勇氣。多一點勇氣，可以成就更精采的人生！

我常常覺得，**人生就是一場壯遊，在一邊再見過去，一邊遇見未來的路上**，我們每天奮力地走著，年少時，我們尋覓的是風景；年長時，我們尋覓的是自己。既然人在途中，不如藉機多多探索一下世界，才不枉此生。

而如同人生一樣，你可以定義自己的旅遊。有人想要紓壓，有人想要冒險，有人選擇跟團觀光，有人選擇自助旅行，沒有好壞，只是適合不適合，只要自己喜歡，沒有危害到別人，並不需要跟別人交代。我年輕時，旅行也曾經像是為了逃離庸常生活，放肆地吃喝玩樂，當旅程結束時，就像是回到監獄般痛苦。後來，我開始愛上深度旅行，自助走過許多國家，慢慢找到屬於自己的模式。我可以住五星飯店、也可以住青年旅館，能力所及就對自己好一點，超出能力就隨順因緣。**不要給自己設下太多限制**，這樣只會成為邁不出步伐的藉口。

我欣賞那個在旅途中勇敢面對未知的自己，雖然曾經迷路、曾經錯過，但我享受這一切，包括快樂、壓力和挫折，在一次又一次的旅行中，我漸漸體會到沒有完美的旅程，只有包容的心態。因此，我也慢慢地接納自己的不完美，當我回顧過去，發現那些曾經做錯的選擇，我不再嚴厲苛責自己，時光無法倒流，任誰都沒有辦法回到從前去修正，但是，我可以重新上路，讓未來更加光亮。雖然陳年往事仍然會跟著我一輩子，但這些事可以化為人生一道景色，不管美不美麗，至少不是沉重的包袱。

旅行是生活中最有趣的修練，在每一次的旅途中，我更加認識自己的優點、缺點，知道哪些是想要，哪些是必要，哪些是重要，什麼應該捨去，什麼應該珍惜，什麼應該忘記，這些在旅途中累積的功力，雖然不像練就了乾坤大挪移，可以輕鬆地把擋在面前的石頭搬走，卻像是自備一把鐵鍬，讓我在滾滾落石中為自己開鑿出一條生路。

我相信，旅行不只是一場異地遊歷，更是一種思維轉換。不同的體驗、不同的感受、不同的領悟，促使我轉換視野去理解世界，轉換心態去看待生活，**心態一旦改變，即使回到原來的境遇，也可以賦予不同的詮釋，而人生的風景也就隨之改變**，這是旅行對我的意義。

一念之差，可以改變一生。回台後，歲月依然時不時地使出一記重拳，想把人打趴在地，可是只要想到，我可以克服旅途中種種不可預料的困難，那我同樣也能抱持著勇氣去面對生活的挑戰。抱著旅行的心態，無論前方再如何迷茫，也總能找到一條回家的路。

當我想要擺脫沉重的枷鎖時，轉換生活場景是最有效的方式，但我沒有急著再出國，台灣也有許多美麗的地方。我來到宜蘭，一間被稻浪水畔環抱的民宿，一方方的水田彷彿是大自然的畫布，四季揮灑出不同的色彩，坐在露台上，欣賞著幾隻白鷺鷥悠閒在田中踩步，庭院中的雞蛋花盡情地向藍天展開枝椏，清晨即起看著海上龜山朝日，黃昏漫步在五結哲學之道，夜晚柔和的燈光在屋中暖暖流洩著，心中的糾結就這樣緩緩地被梳理開來，時光彷彿擱淺在清風明月中，這就是旅行神奇的魔力，即使是場輕旅行，也能讓人覺得**生活是場美好的進行式**。

不管是為了一道風景或一個夢想，我們都要勇敢出發。人生，沒有白走的路，生活，只有走出來的精采，沒有等出來的燦爛。總有一天，我們會在旅途中遇見理想中的自己。那些旅行教我的事，讓我明白，**人生沿途美好，終點不急**。我喜歡我的旅行，希望你也喜歡你的。

▲ 轉換生活場景就可以轉換心態。

附錄A 自助旅行的規劃方式

1 Jessica

旅行像人生，因人而異，沒有標準答案。同樣的景物，會因為不同的人，而看到不同的樣貌，這是旅行最奇妙的地方。就像我和 Andy 明明一起同行，可是我們的感受卻截然不同，連拍出來的照片都呈現不同的氛圍，有些別人很喜歡的景點，我們卻不然。所以，不管去哪裡都好，重要的是用心去體驗，親身去感受，從旅途中慢慢探索出自己的價值觀，找到適合自己的旅行方式。

我喜歡自助旅行，可以規劃自己想去的地方，可以決定想要停留的時間，可以選擇想要品嘗的食物，或是想要住在哪裡、想要花多少預算，這種自由自在的感覺會令人上癮，我曾經帶著朋友一起到過歐洲許多國家，大家都非常享受不需要追趕行程的慢遊方式。後來，這些朋友就很難回頭去跟團旅遊了，就像是習慣開車到處跑的人，很難改搭固定班次的巴士一樣。或許有人覺得年紀大了適合跟團，其實，過去即使帶著八十多歲的婆婆出國，只要配合老人家的作息和體力調整計畫，同樣可以自主順利地完成深度旅遊。

當然跟團也有跟團的好處，對於不想花費時間精力、不想煩惱交通運輸的人，旅行社有專案、專人、專車服務，是很輕鬆方便的選擇。但是，如果你跟我一樣，喜歡深度體驗當地風俗文化，也相信自己的應變能力，就可以試著按照自己的喜好來進行安排。至於傳聞自由行花費比較低，我覺得不一定，預算多寡完全取決於選擇。

許多人擔心語言不通，我個人的經驗，英語能力好確實有助於結交外國朋友，但對日常溝通並不是絕對重要，我到過許多地方，當地人連一句英文也不會，就算我們英語再好一樣派不上用場。像我們這次的南歐之旅就屢屢遇到這種情況，最後，都是靠著基礎對話，再透過翻譯工具和肢體語言的協助，我們也順利解決了迷路、坐錯車、看不懂菜單的種種問題，我認為語言隔閡造成的心理恐懼才是真正的阻礙。

我觀察很多人跨不出自助旅行的原因，除了擔心語言能力，大都是卡在行程規劃及交通安排兩項因素，不知道從何下手。其實，現在網路上有許多參考資料，甚至許多旅遊達人已經整理好詳細的懶人包，從如何訂機票、景點介紹、行進路線、甚至到行李打包，都有非常完整的教學，你只要決定想要前往的地方，依循著前人的計畫，都很方便開始。如果，真的沒時間蒐集資料，採取旅行社或航空公司提供的機加酒「半自助」的方式，也可以降低一些負擔。我也建議可以從台灣開始運用大眾交通工具自助旅行，培養自己蒐集資料的能力，是很好的鍛鍊。

蒐集資訊是非常重要的行前工作，完備的資料可以降低語言障礙和突發狀況。對我而言，開始著手計畫時，就好像已經啟動行程，過程雖然要耗費很多時間，卻充滿樂趣。我在規劃旅行時，通常會特別注意三項關鍵，也許可以提供給想要自由行的新手一些參考。

重點一：出入境規定與文化習慣

在決定好要前往的國家後，要先了解這些國家的出入境規定，包含像護照的效期以及是否需要簽證，尤其是與疫情相關的特殊規範，這些基本文件將影響能否順利成行。

同時，查明當地的氣候、節慶、文化，來調整行程時間，並做為後續路線規劃的參考。除了萬不得已要配合休假期間，我會儘量避開雨季、雪季或旺季，這些期間會增加自助旅行的難度，畢竟穿著厚重大衣，拖著偌大的行李在暴雨中等車，並不是一件太有趣的事。但是，如果想要參加一些特殊活動，也只能配合當地規定。像我們這次參加南法的薰衣草節和西班牙的賽馬節，每年舉辦的日期並不固定，必須事先查詢清楚。

另外，有些生活相關的訊息，像是電壓及插座轉接頭的樣式、生水是否可以飲用、參觀景點或活動的服裝禁忌、攜帶物品有沒有特殊限制、購物退稅相關規定，也要特別留意一下。

重點二：行程與交通安排

對於新手，選擇單一國家，不需要轉機比較容易上手，因為如果是多國的旅行，就要進一步了解跨境的規範。行程規劃之前，建議可以先參考旅行社安排的景點路線，或網友分享的遊誌，找到自己想要旅遊的城市及景點，將這些地方在地圖上標示出來，以機場所在的城市做為起點或終點，將每個地點串聯起來，就可以藉此修正行進路線的先後順序。然後，再藉由谷歌地圖的指引或查詢網路資訊，決定景點之間的交通方式、所需時間。最後，決定每個景點想要停留多久，有的人只要到此一遊即可，有的人喜歡深度探訪，根據自己的需求，大致上就可以排定行程表，並依此預訂交通票券及住宿。

交通方式則看每個人的預算及時間規劃做選擇。通常飛機所費時間最短但最麻煩，需要提前報到、辦理安檢手續，還要評估市區到達機場是否方便。我自己不喜歡長途拉車，只要車程超過五個小時，或需要多次轉車的，就會考慮搭乘飛機。尤其，許多國家的機票或火車都有早鳥優惠，有時候機票和火車的票價差距並不多。甚至歐洲有些廉價航空，時常有機票比火車票便宜的狀況，可以三不五時上網查看一下。

如果想要節省費用，也可以運用鐵路通行證或聯票，如果票券使用規定符合行程規劃，就可以省下很多交通經費。巴士票價最便宜，但所費時間最久，長途乘坐較不舒適，可是很多火車沒有到達的地方，就只能依賴巴士。城市內部的移動，大都是靠公車、捷運、電車、纜車，事先查好運行路線或時刻表，可以節省等待的時間。另外，自駕方便性最高，但要考慮安全性、習慣性、租車費用和油價，特別是歐洲大多是手排車，雖然車租便宜，但油價驚人，而且高速公路收費方式較複雜，最好在事先查詢清楚、預訂車款，並購買人車保險，租車或還車時建議拍照或錄影存證，以保障自我的權益。

至於住宿，飯店或民宿各有所好，在訂房網站都可以搜尋到很多選擇，自助旅行以交通方便的地點為宜，可以用谷歌地圖查詢住宿處與車站的相對位置。女性、喜歡早出晚歸的人，或獨自旅行的人，最好避開治安不良或偏僻的區域，訂房前建議仔細查看一下評價，住客的留言時常藏有許多值得參考的訊息，也可以先發訊息確認交通方式、有無車站接送服務、環境設施，再決定是否訂房。

住宿和交通一樣，提早預訂都有折扣，但也少了一些彈性，萬一要變動行程時，有些需要修改費用，有些則無法退訂，訂房時要特別留意。而有些城市分有老城區和新城區，一般而言，老城區離景點近，氛圍較好，但設備較老舊、房間較小、房價較高；新城區剛好相反，如何選擇端看個人喜好。

另外，建議將所有機票、交通票券、參觀門票、訂房確認函、租車訂單、保單、護照、個人大頭照、行程表、身分證等資料電子檔，同時儲存在手機及雲端，以防資料遺失。除非特別規定，需要列印紙本，目前大部分皆只需要出示數位票證即可。出發前也可以事先下載前往國家的國鐵、巴士、訂房、景區介紹等手機應用程式，方便隨時查詢或預訂。

重點三：防護措施與必備物品

出門在外最怕發生意外，建議購買旅平險及旅行不便險以防萬一。個人藥品最好分成兩份，大部分放在托運行李，小部分則隨身攜帶，以防行李延遲或遺失時緊急所需。

消費支出則儘量使用刷卡，隨身只要準備每日夠用的現金即可，「財不露白」在每個國家都是通則，攜帶大量現鈔或為了節省匯差在國外兌換外幣，難免有風險。若出國時間較長，則建議在台先開立外幣帳戶，事先設定海外密碼，方便線上即時匯兌，也可以在當地提款機直接提領現金，就不必帶太多現金出國。

若有人擔心吃不慣異國風味，泡麵是最方便的療癒聖品，每次長期旅行，我會帶沙茶醬、醬油、湯包、咖哩塊，任何食材只要添加這些配料，馬上可以變出道地的台灣口味。

除了這些物品，隨時隨地可以使用的網路也非常重要，我個人偏好使用 SIM 卡，只要帶一支舊手機即可，不會影響原來門號的功能，也不需要多租用一台 Wi-Fi 分享器，預算充足的，也可以選擇國際漫遊，最為方便，但也最為昂貴。

自由行並沒有想像中的困難，前述幾項準備工作，只要親自動手規劃過一次，就會知道訣竅，我認為最難克服的，還是心態。大部分人還是會擔心人生地不熟，萬一無法溝通或遭遇突發狀況怎麼辦？其實只要事前準備充分、小心行事，就可以降低問題發生的機率，真的遇到困難，只要勇於求問，大部分的人對旅客都是樂於提供協助的，就算語言不通，比手畫腳也可以解決，像是在搭車前，先將目的地站名寫下來給司機看，或請鄰座的當地人幫忙提醒，即使不會外語也沒有關係。其實，只要多預留一點時間彈性，做好心理建設，保持開放的心胸，相信你跟我一樣，會愛上自助旅行！

附錄B 後疫時代旅行注意事項

4 Jessica

過去幾年因為受到新冠肺炎疫情的影響，每個國家因應邊境管制或防疫需要，進行許多動態調整。一般而言，如果選擇跟團，旅行社會依據前往的國家，提供必備文件、行前須知、相關注意事項的提醒。但自助旅行凡事靠自己，在規劃行程前，要事先查詢清楚各國的規定，並且要預先採取一些防範措施。以我們這次的南歐之旅為例，有幾件事項需要特別留意。

1. 妥善保險並務必攜帶英文保單

不管是否發生疫情，自助旅行建議做好妥善的保險規劃，而疫情期間，更加需要有萬全的準備。為求心安，我們行前購買了比較高額度的保險，但是，其中旅行平安險的醫療保障內容，已經針對特殊傳染疾病進行部分項目的排除限制，並且，各家保單規定也不盡相同，而旅行不便險則因為國際航班充滿變數，這項保險幾乎已經完全停售。

未來，無論保險公司做何因應調整，建議投保前與承保公司再次釐清保障內容，以免產生紛爭。最重要的是，投保之後，要請保險公司出具英文保單，並隨時攜帶，歐洲就診如果沒有投保醫療險，醫院可能會擔心旅客無法負擔醫療費用，而遭拒診。

2. 備妥規定的出入境防疫文件

我們出發前，歐洲國家仍然要求旅客須持有完成三劑疫苗接種的「數位新冠病毒健康證明」，其中必須載明接種疫苗的廠牌和劑數。健康證明申請方式非常簡單，直接搜尋關鍵字，或連結 dvc.mohw.gov.tw 網站，依步驟進行身分認證後即可取得。雖然我們在入境各國時，從未被要求查看，但仍然建議確實遵守規定。

相較之下，台灣的防疫工作較為落實，因為我們從葡萄牙里斯本離境返台時，航空公司要求檢示台灣入境的防疫申報。雖然隨著疫情結束，會漸漸放寬或廢除這些規定，但全球的做法並不同步，出國前必須再次確認所到國家的相關規範。

3. 帶齊防疫用品及日常藥物

在我們旅行期間，歐洲防疫管制已經陸續解除。尤其是法國最快取消所有規定。在義大利搭車時也完全沒有人佩戴口罩，只有西班牙與葡萄牙仍然要求飛行期間或搭乘大眾運輸工具時，需要全程佩戴口罩，違規的人會被立即糾正，或要求站到車廂間的連接通道。

另外，像教堂或博物館，入內參觀同樣必須佩戴。但在戶外方面，歐洲早已經解封，我們攜帶了許多口罩最終都沒有用完，因為路人都不戴口罩了，染疫的風險比台灣高出很多，所以，反而是方便隨時消毒的「乾洗手」更加重要。海外就醫不像台灣如此方便，而且醫療費用非常驚人，建議備妥快篩試劑和退燒止痛、消炎噴劑、咳嗽、流鼻水等症狀緩解藥物。除此之外，日常可能會用到的腸胃藥、過敏藥、外傷藥膏，也最好帶齊，以備不時之需。

4. 保留行程規劃修改的彈性

歐洲已經進入後疫時代，民眾也具有與病毒共存生活的共識。有些國家對於確診者既不要求檢測，也不強制隔離，但疫情難測，誰也無法預料，無論如何，萬一在國外確診或生病，為了維護自己的健康，仍然建議暫緩行程。若是症狀輕微者，可以充分休息，或服用適量的藥物緩解，但若症狀嚴重或明顯加劇，則應該及時就醫，可以請飯店協助，或自行谷歌最近的醫療院所。

歐洲國家通常分為公立醫療中心、私人診所、大型醫院，不是每一家都有提供急診，就醫時，必須提供護照和英文保單。所以，後疫時代在規劃行程時，票券和住宿建議保留一些彈性，以防萬一確診時，可以異動修改。尤其是心態要放寬，沒有非去不可的地方，也沒有非做不可的活動，跳過一兩個景點也無妨，健康安全最重要。

5. 疫後旅遊品質下降，預算提高

過去幾年旅遊業受到疫情影響幾乎完全停擺，許多旅館、民宿、餐廳撐不住而倒閉，大量的從業人員失業或轉業，雖然現在疫後旅遊大爆發，但是這些服務業者，卻未必能夠在短期間復原過來，也因此導致供需嚴重失衡，價格與服務已然受到影響。這種情況勢必維持一段時間才能恢復正常，對於旅遊品質的下降要有心理準備。

此次我們旅行期間，歐洲才剛剛解封不久，又適逢暑假旺季，各地的住宿、交通、參觀門票的價格都急速飆漲，熱門景區甚至要提高一倍的預算，還不一定能夠訂到疫情前相同等級的飯店，我們也遇到餐廳歇業，卻沒有更新營業資訊，到了現場才吃閉門羹的窘境。所以，建議行程儘量提早規劃，多蒐集一些資訊，出發前最好再三確認，而且計畫要有備案，也要有隨機應變的打算。尤其是預算需要寬鬆一些，或支出項目需要修正分配。

6. 慎選網路服務以免斷網

出國旅遊必備網路，尤其是現在減少面對面接觸，可以降低病毒感染的風險。像我們這次在旅途中的住宿預訂、票券購買、路線導航、餐廳搜尋、景點介紹、車輛租賃、網誌發布、通訊聯絡、登機報到，一切都是透過手機上網處理。目前歐洲可以透過ＳＩＭ卡、eSIM卡、Wi-Fi分享器或國際漫遊連網，其中又分為單國、多國、天數、流量等不同的方案，各家業者提供的服務內容及價格皆不相同。

此次我們出發前預購兩張「歐洲十國純上網三十天」的ＳＩＭ卡，雖然包含了我們旅行的國家，但實際上的體驗是跨越太多國家，連線品質較難保證，某些山區訊號很不穩定，當初應該購買當地主流業者，推出的網路服務會比較理想，而且不能以平常台灣使用的流量當作參考，自助旅行隨時都需要查詢資料，甚至有些民宿沒有提供網路，這些都會導致流量暴增，像我們半個月就用掉二〇G的流量，最後又進行增購才沒有面臨斷網。建議疫後旅行的人，要多方比較，參考別人的經驗，找到適合的產品非常重要。

隨著邊境解封，國際旅行將越加活絡，然而，許多過去的慣例已經不復存在，而新的秩序卻有待重新建立，無論是自助旅行或跟團觀光，疫後出遊在「健康安全、防疫法規、行程規劃、旅行品質」，將是需要特別關注的課題，但只要行前做好準備、途中小心應變，相信每個人都可以快快樂樂出門，平平安安回家。

附錄C 我們的出走路線

義大利

日期	城市		交通方式
6/22	台灣	台灣桃園機場→羅馬	飛機
6/23	義大利	羅馬	
6/24	梵蒂岡	羅馬→梵蒂岡→羅馬	地鐵
6/25~6/26	義大利	羅馬	
6/27		羅馬→丘西（Chiusi）→蒙蒂奇諾→皮恩扎	羅馬搭火車到丘西，租車自駕到皮恩扎
6/28		皮恩扎→天空之城	自駕
6/29		皮恩扎→丘西→西恩納	皮恩扎自駕到丘西，再搭巴士到西恩納
6/30~7/2		西恩納	
7/3		西恩納→佛羅倫斯	巴士
7/4		佛羅倫斯	
7/5		佛羅倫斯→威尼斯	火車
7/6		威尼斯	
7/7		威尼斯→多洛米蒂	巴士
7/8~7/10		多洛米蒂	
7/11		多洛米蒂→威尼斯→米蘭	多洛米蒂搭巴士回威尼斯，再搭火車到米蘭
7/12		米蘭	

法國↓西班牙↓葡萄牙

法國
霞慕尼
米蘭
聖維克托
拉科斯特
亞維農
瓦倫索爾
盧馬杭
魯西永
戈爾代
蒙塞拉特山
巴塞隆納
西班牙
瓦倫薩
波多
塞哥維亞
馬德里
葡萄牙
格拉納達

日期	城市		交通方式
7/13	法國	米蘭→霞慕尼	巴士
7/14		霞慕尼	
7/15		霞慕尼→亞維農	巴士
7/16		亞維農→魯西永（Roussillon）→戈爾代（Gordes）→盧馬杭	自駕
7/17		盧馬杭→瓦倫索爾→塞南克修道院→盧馬杭	自駕
7/18		盧馬杭→亞維農→聖維克托拉科斯特	盧馬杭自駕到亞維農，再搭巴士到聖維克托拉科斯特
7/19~7/20		聖維克托拉科斯特	
7/21		聖維克托拉科斯特→亞維農	巴士
7/22		亞維農	
7/23	西班牙	亞維農→巴塞隆納	火車
7/24		巴塞隆納	
7/25		巴塞隆納→蒙塞拉特山→巴塞隆納	火車
7/26		巴塞隆納	
7/27		巴塞隆納→格拉納達	飛機
7/28~7/29		格拉納達	
7/30		格拉納達→馬德里	火車
7/31		馬德里→塞哥維亞→馬德里	火車
8/1	葡萄牙	馬德里→波多	飛機
8/2		波多	
8/3		波多→瓦倫薩	巴士

西班牙

日期	城市		交通方式
8/4	西班牙	瓦倫薩→波里尼奧	徒步
8/5		波里尼奧→雷東德拉	徒步
8/6		雷東德拉→蓬特韋德拉	徒步
8/7		蓬特韋德拉→卡爾達斯德雷斯	徒步
8/8		卡爾達斯德雷斯→蓬特塞蘇雷斯	徒步
8/9		蓬特塞蘇雷斯→拉達弗蘭科斯	徒步
8/10		拉達弗蘭科斯→聖地牙哥 - 德孔波斯特拉	徒步

聖地牙哥 -
德孔波斯特拉
葡萄牙
波多
奧比杜什
聖塔倫
羅卡角
里斯本
卡斯凱什

日期	城市		交通方式
8/11	葡萄牙	聖地牙哥 - 德孔波斯特拉→波多	巴士
8/12~8/13		波多	
8/14		波多→聖塔倫	火車
8/15~8/17		聖塔倫	
8/18		聖塔倫→里斯本	火車
8/19~8/20		里斯本	
8/21		里斯本→奧比杜什→里斯本	巴士
8/22		里斯本→羅卡角→卡斯凱什→里斯本	里斯本搭火車＋巴士到羅卡角，再搭巴士到卡斯凱什，最後搭火車回里斯本
8/23		里斯本→辛特拉→里斯本	火車
8/24		里斯本→台灣	飛機
8/25	台灣	抵台	

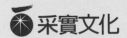

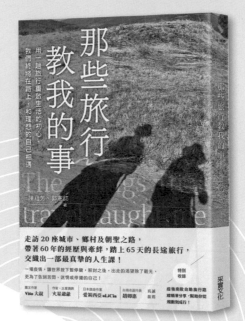

HEART
心|視野 心視野系列 119

那些旅行教我的事

用一趟旅行重啟生活的初心，我們終將在路上，和理想的自己相遇

作者 陳蘊芳、郭憲誌
封面設計 鄭婷之
內文排版 黃雅芬
行銷企劃 呂玠忞
主編 陳如翎
出版二部總編輯 林俊安

出版者 采實文化事業股份有限公司
業務發行 張世明・林踏欣・林坤蓉・王貞玉
國際版權 鄒欣穎・施維真・王盈潔
印務採購 曾玉霞・謝素琴
會計行政 李韶婉・許俽瑀・張婕莛
法律顧問 第一國際法律事務所 余淑杏律師
電子信箱 acme@acmebook.com.tw
采實官網 www.acmebook.com.tw
采實臉書 www.facebook.com/acmebook01

ISBN 978-626-349-300-1
定價 380元
初版一刷 2023年6月
初版二刷 2023年8月
劃撥帳號 50148859
劃撥戶名 采實文化事業股份有限公司
104台北市中山區南京東路二段95號9樓
電話：(02)2511-9798 傳真：(02)2571-3298

國家圖書館出版品預行編目資料

那些旅行教我的事：用一趟旅行重啟生活的初心，我們終將在路上，和理想的自己相遇 / 陳蘊芳，郭憲誌著. -- 初版. -- 台北市：采實文化事業股份有限公司，2023.06
272面；14.8×21公分. --（心視野系列；119）
ISBN 978-626-349-300-1（平裝）

1.CST: 旅遊文學 2.CST: 世界地理

719 112006808

采實出版集團
ACME PUBLISHING GROUP

HEART
心視野

HEART
心視野